Gedichte

1998 - 2010

Bibliografische Information der Deutschen Nationalbibliothek:
Die Deutsche Nationalbibliothek verzeichnet diese Publikation in der Deutschen Nationalbibliografie; detaillierte bibliografische Daten sind im Internet über http://dnb.d-nb.de abrufbar.

Herstellung und Verlag:
Books on Demand GmbH, Norderstedt
ISBN 978-3-8423-3408-3

Das Leben

Du weißt, dein Leben ist wie ein Fluss,
der ständig seinen Lauf verändert,
und Du bist wie ein Boot,
das diesem Lauf nur folgen kann.
Du lernst von dem, was hinter Dir,
und weißt nie, was vor Dir liegt,
so kämpfst Du Tag für Tag darum,
einfach zwischen den Ufern zu bleiben.

Und Du weißt, es wird der Tag kommen,
an dem dich die Kraft zu kämpfen verlassen
wird,
und Du schließlich an jenen Ufern strandest,
an dem deine Hoffnungen zerbrechen,
und Dein letzter Traum begraben wird,
und Du deinen treuesten Freund verlieren wirst.
So wirf einen Blick auf den Fluss deines Lebens,
und bleibt Dir dann auch nur ein einziges
Lächeln übrig,
so ist dass ein ganz anständiger Reingewinn.

<u>Augenblick</u>

Der Staub tanzt in der Abendsonne

Der Geruch von Heu kitzelt dich in der Nase

Du hörst das Knarren der Dachbalken

Das leise Rascheln der Mäuse im Stroh

Der gleichgültige Blick einer Katze streift Dich.

Die Zeit steht still

Du bist eins mit der Welt

Vergangenheit
Gegenwart
Zukunft

Gefangen in nur einem Augenblick

<u>Am Tisch der Zeit</u>

Ich sitze hier am Tisch der Zeit
Die Sekunden verrinnen
Jede Sekunde bringt mich dem Ende näher
Die Zeit - unbeeindruckt von meinen Wünschen

Ich sitze hier am Tisch der Zeit
Die Minuten verrinnen
Jede Minute bringt mich dem Ende näher
Die Zeit - unberührt von meinen Zielen

Ich sitze hier am Tisch der Zeit
Die Stunden verrinnen
Jede Stunde bringt mich dem Ende näher
Die Zeit - unerschüttert von meinen Träumen

Ich sitze hier am Tisch der Zeit
Die Tage verrinnen
Jeder Tag bringt mich dem Ende näher
Die Zeit - gleichgültig von meinem Handeln

Ich sitze hier am Tisch der Zeit
Die Jahre verrinnen
Jedes Jahr bringt mich dem Ende näher
Die Zeit - teilnahmslos von meinen Illusionen

Manche Tage

An manchen Tagen frag ich mich
Berührt das Leben mich?

Meine Ziele liegen hinter mir,
die Dunkelheit begegnet mit.

Kein Blick zurück im Zorn,
denn keiner – beginnt von vorn.

Die Tage grau und stumm,
vergehen still um mich herum.

An manchen Tagen frag ich mich,
berührt der Tod nun mich?

Das warten auf das Ende fällt mir leicht,
kein Ziel vor mir, dass ich noch gerne hätt
erreicht.

Am manchen Tagen frag ich mich,
berührte je die Liebe mich?

Kaum geliebt, doch viel gehasst.
Dass war mein Leben kurz gefasst.

Allein

Angst und Verzweiflung ist hinter mir her
Deine Liebe zu mir, sie ist bald nicht mehr.

Ich hab mich aus den Augen verloren
Und dabei unsere Liebe verdorben.

Ich spüre dich neben mir
Und merke wie ich dich für immer verlier.

Jeden Tag, jede Nacht ein Stück
Bis nichts mehr über ist vom einstigen Glück.

Ich spüre der Tag ist ganz nah
An dem ich dein Lachen zum letzten Mal sah

Furcht und Hoffnungslosigkeit sind bei mir
Dunkelheit und Stille sind in mir

Ich bin allein

Gedanken

Meine Gedanken reisen in der Zeit zurück
In jene Tage die wir angefüllt mit Glück

Meine Gedanken sie bleiben in der
Vergangenheit
In jenen Tagen die wir verbracht in Heiterkeit

Meine Gedanken verlieren sich in Raum und
Zeit
In jenen Tagen die wir angefüllt mit Traurigkeit

Meine Gedanken kehren zurück zu Dir
Für all die Tage dank ich Dir

Geschichte

Die Geschichte steht im Garten
Auf wen scheint Sie zu warten?

Auf Jonas der kam mit dem Wal?
Auf Hermann der kam aus dem Tal?

Auf den König der kam durch Nacht und Wind?
Auf das heilige Jesuskind?

Auf Godot, der doch niemals kam?
Auf Columbus der das falsche Land bekam?

Auf Parsifal der den Gral nicht fand?
Auf Krösus mit seinem Goldenen Tand?

Auf Alexander der das Ende der Welt besuchte?
Auf Gilgamesch der das ewige Leben suchte?

Auf Cäsar der Brutus verfluchte?
Auf Napoleon der Waterloo besuchte?

Auf Attila der kam durch die Wüste?
Auf Michelangelo der erschuf die Büste?

Auf Da Vinci der ein Lächeln malte?
Auf Newton der sich unter dem Baume aalte?

Auf Archimedes dessen Kreise man störte?
Auf Kleopatra die die Schlange betörte?

Auf Orpheus der den Hades bezwang?
Auf Sisyphus der immer wieder begann?

Auf Galileo der in den Himmel blickte?
Auf Noah der die Taube verschickte?

Auf Sokrates der den Schierling genoss?
Auf James der den King erschoss?

Auf Alfred der mit Sprengstoff hantierte?
Auf Hagen der mit dem Speer brillierte?

Auf Dareios der am schnellsten lief?
Auf Ikarus bei dem alles ging schief?

Auf Hiob der die Botschaft hörte?
Auf Romeo den die Julia erhörte?

Auf Neil der den Mond betrat?
Auf Karl der Grosses tat?

Auf Lincoln der in das falsche Theater ging?
Auf Briggs den spät erst man fing?

Auf Nero der mit dem Feuer spielte?
Auf Ruby der auf Oswald zielte?

Auf Echnaton der Aton erschuf?
Auf Merlin der sich mit Magie behuf?

Auf Adam den die Eva versuchte?
Auf Salome die verruchte?

Auf Platon der auf Atlantis verwies?
Auf Einstein der Relatives bewies?

Auf Roald der vor Robert war am Ziel?
Auf Nelson der vor Trafalgar fiel?

Auf Gregor der die Tage sortierte?
Auf Hofmann der mit Chemie experimentierte?

Auf Hannibal der mit Elefanten spazierte?
Auf Bill der vieles kopierte?

Auf Umberto der gerne flog?
Auf Marco den es in die Ferne zog?

Auf Moses der den Berg bestieg?
Auf David der mit dem Steine siegt?

Auf Artus der in die Runde blickte?
Auf Truman der die Bombe schickte?

Der Geschichte ist Geschichte schon lange zu
dumm
Die Fragen über das Weshalb und das Warum

Deshalb steht die Geschichte im Garten
Denn die Geschichte scheint auf Geschichte zu
warten

Bewegung

Die Strasse entlang, Schritt für Schritt .
Bin in Bewegung.
Laufe ohne Unterbrechung, sehe nicht zurück!
Laufe schon immer!
Bin ich jemals gestanden?
Laufe weg.
Vor mir?
Vor dir?
Vor dem Leben?

Werde immer schneller.
Die Kraft wird weniger.
Muss das Ziel erreichen!
Was für ein Ziel?
Weiß es nicht mehr!
Hatte ich je ein Ziel?
Weist du es?
Sag es mir!

Nur noch laufen, schneller immer schneller!
Du bleibst zurück!
Will stehen bleiben!
Kann nicht!
Habe Angst!
Angst vor dem Ziel!
Warum?
Jetzt weiß ich es!
Das Ziel ist das Ende!

Muss weiter Laufen!
Es ist nicht mehr weit!
Das Ziel ist nahe!
Das Ziel ist das Ende
Ich laufe nicht mehr!

Stille

Kinderwunderland

Plagen dich Ängste und Sorgen
Fürchtest du dich vor jedem Morgen

Nimm dein Kind bei seiner Hand
Und flieg mit ihm ins Wunderland

Deine Ängste und deine Sorgen
Sie bleiben dir verborgen

Spür die Kraft der Kinderhände
Sie brechen auf deine Wände

Nimm dein Kind bei seiner Hand
Und flieg mit ihm ins Wunderland

Vergiss deine Mühen und deine Plagen
Kinder haben hier das Sagen

Ein Land voll Freude und voll Drachen
Zum Glücklichsein reicht hier ein Lachen

Nimm dein Kind bei seiner Hand
Und flieg mit ihm ins Wunderland

Komm lass dich von ihm führen
Dein Kind, es öffnet dir hier all die Türen

Die verschlossen sind seit jener Zeit

Als du verloren die eigne Kindheit

Nimm dein Kind bei seiner Hand
Und flieg mit ihm ins Wunderland

Kehr zurück ins Reich der Phantasie
Diese Reise - ich schwör es dir - vergisst du nie.

Freund Christian

Ich habe versucht mich an jenen Tag zu
entsinnen
Als das Schicksal es wollte, unsere Freundschaft
zu beginnen
Mich zu Erinnern wie alles begann
Denkst Du manchmal daran - Freund Christian?

Doch es ist zulange her um zu bestimmen
Jenen Tag an dem unsere Freundschaft sollte
beginnen
Wir waren noch Knaben
in diesen längst vergangen Tagen

Ein Freund in der Kindheit
Ein Freund in der Jugend
Erinnerst du dich noch daran - Freund
Christian?

Und später dann, als wir auf verschiedenen
Wegen durchs Leben gingen
Beide mussten wir mehrmals von vorne
beginnen
In diesen Jahren trafen sich unsere Wege dann
und wann
Wir sprachen ein paar Worte und versprachen
einander dann
Man sieht sich ab und an
Erinnerst Du dich daran - Freund Christian?

Deine Tochter, mein Sohn wurden im selben
Jahr geboren
Irgendwie haben wir uns dann aus den Augen
verloren
Ich weiß gar nicht mehr wie es dazu kam
Erinnerst Du dich daran - Freund Christian?

Und dann, man konnte an uns Beiden sehen wie
die Jahre vergehen
Da haben wir uns plötzlich auf der Strasse
wieder gesehen
Der Zufall nimmt uns manchmal beim Arm
Erinnerst Du dich daran - Freund Christian?

Ich wohn nur um die Ecke von dir, erzähltest du
mir
In den nächsten Jahren trafen wir uns sehr oft
bei mir oder bei dir.
Wir erzählten einander aus den verlebten Jahren
Wir waren vertraut wie in alten Tagen
Erinnerst Du Dich daran – Freund Christian

Und dann kam der Tag als ein Freund mich
erreichte
Und als er zu reden begann
Da spürte ich - er ist nicht mehr - unser Freund
Christian

Bis heute kann ich nicht verstehen

Was habe ich nur übersehen
Was habe ich zwischen deinen Worten
überhört?
Habe ich dir überhaupt zugehört?

Ich bin sicher Du erzählst es mir irgendwann
Bis dann - Freund Christian

Manches Mal

Manches Mal genügt es Dir zu Wissen, dass Du
könntest wenn Du wolltest,
Dann brauchst Du es gar nicht mehr zu tun.

Manches Mal, vielleicht ein oder zweimal im
Leben, genügt Dir dieses Wissen nicht, dann
musst Du einfach tun was dein Herz Dir sagt.

Wenn Du dich der Liebe und der Leidenschaft
bedingungslos hingibst
Wenn Du dich in die Arme eines anderen fallen
lässt
Wenn Du dich auslieferst und trotzdem
geborgen fühlst
Dann Liebst Du

Wenn Du nicht daran denkst was der nächste
Augenblick bringt
Wenn Du nicht daran denkst was gestern
gewesen war und was morgen sein wird
Wenn Du jede Minute die Dir geschenkt wird,
so Lebst als wäre Sie deine Letzte
Dann Liebst Du

Wasser des Lebens

Du treibst auf den Wassern des Lebens
Du blickst in dich hinein
Und hörst deine Seele schreien!

Wie wird es nachher wohl sein?
Eine Ewigkeit angefüllt mit Pein?

Ein Paradies voll Licht und Glück?
Komm - kehre in das Leben zurück!

Nach außen gelassen und heiter,
treibst du auf den Wassern des Lebens weiter

Doch tief in dir drinnen, da spürst du genau,
der Tod kommt zu dir, er verlässt seinen Bau

Er kommt leise auf seinem Schimmel angeritten
Es hilft dir kein Flehen und kein Bitten.

Er schwingt seine Sense mit Präzision
Deine Seele, sie schwebt davon.

Vorbei die tägliche Müh und Plag
Deine Bleibe, ist nun dein Sarg.

Doch mögt ihr heut nicht trauern
Ich wünsche mir, seit heute heiter
Denn mein Wasser des Lebens, es fließt in euch
weiter.

7 Tage Liebe

Es war an einem Sommerabend und der war
eher lau
Da sah ich Sie das erste Mal
Ging Seite an Seite mit dem Gemahl
Dieser stolzierte wie ein Pfau

Sie schritt Einher und ihr Gang war klassisch
Ich sah das Wiegen Ihrer Hüften
Gern würd Ihr Kleid ich lüften
Doch der Mann schien stark und daher pass ich

Am nächsten Tag, da sah ich Sie schon wieder
Sie stand am Wegesrand
Mit dem Gatten, Hand in Hand
So ganz verliebt, so richtig bieder

Am dritten Tag da kreuzten sich unsre Wege
abermals
Dieses Mal schritt sie allein einher
Oh Gott, wie sehr ich Sie begehr
Nicht sprechen konnt ich - Angst verschnürte
meinen Hals

Am vierten Tag, da sah ich Sie erneut
Einer Göttin gleich schwebt Sie vorbei
Ich sprech Sie an, Ergebnis einerlei
Sie lächelt, ich glaub Sie ist erfreut

Am fünften Tag, da haben wir uns dann
getroffen
Sie fliegt heran, einem Engel gleich
Meine Beine werden butterweich
Sie sagt, ihr Herz sei für mich offen

Am sechsten Tag kam Sie zu mir nach Haus
Nur - wie Sie sagt - um Kaffee zu trinken
Bald darauf wir auf das Lager sinken
Ich nenn Sie meine allerliebste Maus

Am siebten Tag, wie hab ich Sie vermisst
Da - welch ein Glück - ich sah Sie an mir
vorübergehn
Doch Sie tut, als würd Sie mich nicht sehn
Wie schnell Frau Mann doch vergisst

Sonntag Morgen

Neulich, es war ein grauer Sonntag Morgen!
Erwachte ich mit einem Rucksack voller Sorgen.
Wälzte mich im Bette hin und her,
das Aufstehen fiel mir unendlich schwer.

Das linke oder das rechte Bein
Welches sollte heut das Erste sein
Das den Boden nun berührt
Und mich sichern Weges in den Tag entführt

Denn sollte ich das falsche Bein heut wählen
den ganzen Tag würd das Unglück mich dann
quälen
kaum hatte ich die Augen aufgeschlagen
plagten mich so wichtge Fragen

Ich konnt und konnt mich zu keinem
Entschlusse zwingen
Rechtes oder linkes Bein ich war mit mir am
Ringen
Da überfiel mich die Erkenntnis plötzlich
Siedendheiß
Keine Entscheidung, die hat ihren Preis

Den ganzen Tag im Bett verbringen?
Wer sollte statt meiner dann im Kirchenchore
singen?
Doch wenn das falsche Bein gewählt
Die Kirch ist alt und morsch ist das Gebälk

Wenn plötzlich die Kirch in sich zusammenfällt
Nur weil ich am Morgen hab das falsche Bein
gewählt?
Dann hätt das Unglück ich heraufbeschworen
Und Unschuldige hätten Leib und Leben
verloren

Diese Entscheidung mir fast den Atem nahm
Ich lag im Bett nun schon ganz lahm
Als ein neuer Gedanke sich im Kopfe bildete
Sich formte und in hellem Lichte schillerte

Vielleicht sollte ich mit beiden Beinen zugleich,
die Füße setzten auf den Teppich butterweich.
Oh Gott ich danke Dir das ist ja genial
Ich lob mich selber, ich bin phänomenal

Schon wollt zur Tat ich schreiten
Und behände aus dem Bette gleiten
Da durchzuckte mich
Ein Gedanke, der ward gar schrecklich

Was passiert, wenn ich ganz ungeschickt
beim Aufstehen plötzlich umgeknickt

Was wahrlich schon das eine oder andre Mal
passierte
und dann ein Bein allein den Boden nur
berührte

Sofort an die armen Menschen ich jetzt dachte,
denen das Kirchendache dann auf ihre Köpfe
krachte
Oh Gott erlöse mich von meiner Pein
Sage mir bitte, rechtes oder linkes Bein

Da vernahm ich plötzlich die erlösend Worte
Steh auf Du fauler Tropf, aber ein bisschen
forte.
Ich schlug die Augen auf und lachte
Ein Traum, dass war es, was mir Sorgen machte

Schon wollte ich die Beine über des Bettes
Kante schwingen
Im letzten Augenblick konnt ich mich
bezwingen
Mit welchem Bein wollt ich heut beginnen?

Verlorenes

Neulich ging ich in der Stadt spazieren
Da sah ich einen, der kroch durch die Gosse auf
allen Vieren.
Konnte es kaum Glauben
wollt er jüngst Verlorenes aufklauben?

Meine Neugier hielt mich nun gefangen
Ich fragte mich mit Bangen,
ist hier etwas Wertvolles zu Boden gegangen?
Meine Neugier wollt Befriedigung erlangen

Wollt dem Sucher auf dem Boden dort
nicht lästig fallen mit meinem fragend Wort
Das Wertvolle zu finden entschloss ich mich
Spontan zu Boden ging nun auch ich

So krochen wir durch die Gasse nun zu zweit
auf allen Vieren und das sehr weit
Das hat ein Dritter nun gesehen
Und da ward es auch schon um Ihn geschehen

Schon fiel er nieder auf die Knie
Denkt sich, was die Beiden suchen, dass find i
So krochen durch die Gasse wir nun zu dritt
Gott sei dank sind wir ziemlich fit.

Doch plötzlich fielen ein vierter, fünfter, achter
und noch mehr

Auf allen vieren über den schmutzgen
Gassenboden her
Hörte von da und dort ein Raunen
"Ein Diamant wurde verloren, einer von den
teuren Blauen!"

Und alsbald war in der Gasse auf allen vieren ein
Gewimmel
Wie am Sonntag auf der Kirmes in St. Gimmel
Jeder wollt der Glücklich sein
Der für sich findet den teuren Stein

Da plötzlich hob der erste Kriecher sich empor
Schwankte leicht und man sah was er verlor
Es konnte nur das Gleichgewichte sein
Das er verlor nach ein, zwei Liter Wein

Verschämt erhoben alle Kriecher sich
Da erhob auch ich mich
Ging weiter in der Stadt spazieren,
Wieder auf zwei Beinen und niemals mehr auf
allen Vieren

Damals

Ich schließe die Augen und denke daran
wie es war - Damals - als alles Begann.

Damals - in den längst vergangenen Tagen,
als wir es endlich wagten, einander Hallo zu
sagen.

Damals - in den längst vergangen Stunden,
als wir das Ersten Mal, zueinander gefunden.

Damals - in den längst vergangen Zeiten,
als wir uns noch alles und jedes verzeihten.

Damals - in den längst vergangenen Sekunden,
als wir am Anderen unser Glück gefunden.

Ich öffne die Augen, Blicke auf den leeren Platz
neben mir,
lange schon, gehörst Du nicht mehr zu mir.

Verschwunden in den längst vergangenen
Tagen,
Warum?
Habe aufgehört zu fragen.

Ich schließ die Augen und denke daran,
wie es war - Damals - als alles Begann.

Geschichten

2004 - 2010

Eisblume

Er konnte sich nicht mehr Erinnern wie lange er
schon vor dem Fenster saß.
Er wollte sich auch gar nicht mehr Erinnern.
Denn im Vergessen lag viel Trost.
Seine Gedanken reisten in den Jahren der
Vergangenheit auf und ab und nur selten blieben
sie für wenige Sekunden in der Gegenwart
hängen.
Nie blieben die Gedanken lange genug im Heute
um Fragen beantworten zu müssen.
In Wahrheit war es ihm auch vollkommen egal
wie lange er schon in diesem Zimmer und vor
diesem Fenster saß.
Wenn er die Gegenwart streifte, fühlte er wie
kalt ihm war, dann zog er sich noch tiefer in den
großen Ohrensessel zurück und kehrte in die
Tage seiner Jugend zurück.
Fast hatte es den Anschein als wollte ihn dieses
antike Stück von einem Sessel verschlingen,
doch nicht in böser Absicht denn es sah eher
wie die beschützende und tröstende Umarmung
eines guten Freundes aus.
Er wirkte so klein und so verloren in seinem
Sessel.
Dabei war er in seiner Jugend ein großer,
stattlicher Mann gewesen, doch hatte das Alter
seinen Tribut gefordert und es schien als wäre er

auf einen Bruchteil seiner ursprünglichen Größe
geschrumpft.
Er lächelte bei diesem Gedanken.
Überhaupt lächelte er viel wenn er an die Zeit
zurückdachte in der er vor Kraft und Energie
nur so gestrotzt hatte.
Deshalb reiste er in seiner Erinnerung so gerne
in diese Tage zurück.
Damals, ja damals war so vieles so viel einfacher
gewesen als heute in dieser hektischen Zeit, in
die er einfach nicht mehr gehörte.
Er vermisste auch so vieles aus dieser Zeit.
Seine Familie, seiner Freunde, das zwitschern
der Vögel in seinem Garten.
Er konnte sich gar nicht mehr erinnern wann er
zum letzten Mal einen singenden Vogel vor
seinem Fenster gehört hatte.
Die Stadt war größer geworden und die Vögel
waren weiter gezogen.
So waren auch die Vögel in der Zeit
verschwunden.
So vieles aus der Vergangenheit schien in der
Zeit verloren gegangen zu sein.
Nicht laut und nicht mit großem Getöse,
sondern still und unmerklich waren all die
Kleinigkeiten verschwunden und durch neuere,
modernere ersetzt worden.
Oder Sie waren einfach überflüssig geworden.
Natürlich vermisste er den Nachtopf nicht
wirklich, denn eine Toilette in der eigenen

Wohnung war ein großer Fortschritt gegenüber
einem gemeinschaftlichen Plumpsklo am Gang.
Doch er vermisste den Geruch von Fensterkitt.
Ja, diesen Geruch vermisste er wahrhaftig.
Bei dem Gedanken an frischen, weichen
Fensterkitt den man mit den Fingern zu
Kügelchen rollen konnte, die sich dann
wunderbar durch ein Blasrohr auf die
Hinterbacken der anderen Jungs abfeuern ließen
wurde sein Lächeln noch breiter.
Kurz kehrten seine Gedanken in das Heute
zurück und er sah auf das moderne Fenster in
seinem Zimmer.
Hier gab es keinen Fensterkitt mehr.
Das war schade, aber er bezweifelte ob seine
alten von Artrose verbogenen Finger imstande
gewesen wären noch diese kleinen Kügelchen zu
formen die man für einen gezielten Schuss
benötigte.
Auch fehlten ihm ein Blasrohr und ein
lohnendes Ziel.
Auch seine Lungen hätten nicht mehr die Kraft
für einen Schuss gehabt.
Doch alleine der Gedanke daran ließ ihn lächeln.
Bei diesen Fenstern gab es nur noch
Gummidichtungen und Dreifachverglasung.
Natürlich hielten diese modernen Fenster die
Kälte besser draußen als die alten, einfachen
Scheiben, die mit Fensterkitt im Rahmen
befestigten wurden.

Mittlerweile war es sehr kalt in seinem Zimmer
geworden.
Aber der alte Mann spürte die Kälte nicht mehr,
zog sich aber noch tiefer in seinen mit ihm alt
gewordenen Sessel zurück.
Hatte er eingeheizt?
Er dachte kurz nach, konnte sich aber nicht
mehr erinnern ob er den Heizkörper aufgedreht
hatte oder nicht.
 Auch so eine praktische Erfindung diese
Heizkörper, eine kurze Drehung und es wurde
warm im Zimmer.
Doch war er ganz sicher, dass die Wärme die
sein alter Holzofen damals abgegeben hatte,
jetzt viel gemütlicher wäre.
In letzter Zeit verzichtet er immer öfter auf die
Heizung.
Während er weiter wartete und aus dem - nein -
in das Fenster sah, reisten seine Gedanken
wieder in die Vergangenheit zurück, in jene Zeit
als er seine Frau kennen und lieben lernte und
wie sie damals jung und unbeschwert die
Herausforderungen des Lebens annahmen.
Als Sie ohne groß nachzudenken eine Familie
gründeten und gemeinsam mit Ihren Kindern
erwachsen wurden.
Eine Träne stahl sich in sein Auge als er an seine
Frau dachte, die ihn erst vor kurzem für immer
verlassen hatte.
Sie war ihm nun doch vorausgegangen.

Er war immer felsenfest überzeugt gewesen, dass er derjenige sein würde, der als Erster die letzte Reise antritt, doch nun hatte sie ihn einfach allein zurück gelassen.

Die Erinnerung daran, dass seine Frau Eisblumen geliebt hatte und sich immer lange und ausführlich darüber beschwerte, dass mit dem Einbau der neuen Fenster auch die Eisblumen verschwunden waren kam ganz plötzlich und unerwartet.

Sein Argument, dass es in der Wohnung jetzt wärmer und gemütlicher war hatte sie verächtlich beiseite geschoben und gesagt, das sie die Eisblumen eben deshalb vermisste, weil diese Sie an Ihre Kindheit erinnerten.

Er hörte ihre Stimme in seinen Gedanken als ob sie neben ihm stünde und die Träne verließ den Augenwinkel und bahnte sich ihren Weg über seine faltige Wange.

Er vermisste Sie, vermisste wie Sie mit den Kindern schimpfte, vermisste wie Sie mit der Hand durch ihr Haar strich und vermisste Ihren vorwurfsvollen Blick wenn er wieder irgendetwas liegen gelassen hatte und Sie hinter ihm herräumen musste.

Am meisten aber vermisste er Ihr Lachen und Ihre Stimme wenn Sie beide sich liebten, redeten oder ganz einfach still nebeneinander saßen und glücklich waren.

So vieles hatte er Ihr noch sagen wollen und
dann war das Ende so schnell und unerwartet
gekommen dass ihnen keine Zeit mehr für
Worte blieb.
Eine weitere Träne sickerte aus seinem Auge
und folgte ihrer Vorgängerin auf ihrem Weg
über die Wange.
Er kehrte in seiner Erinnerung zurück zu
glücklicheren Tagen und sah die Begeisterung
seiner Frau als sich am Anfang jedes Winters die
ersten Eisblumen am Fenster bildeten.
Er hatte es nie bemerkt, aber sie hatte auf diese
kunstvollen Gebilde an den Fenstern richtig
gehend gewartet.
Die Temperatur im Zimmer war noch weiter
gesunken aber der alte Mann störte sich nicht
daran, sah weiter in das Fenster und wartete.

„Sie her, er lächelt" sagte der Mann.
„Tatsächlich, na dann ist er wenigstens glücklich
gestorben." Antwortete der andere Mann
„Aber er ist einsam in seinem Zimmer erfroren,
wie kann er dann glücklich gestorben sein?"
„Ich weiß es nicht, aber Sie ihn dir an. Er lächelt
so zufrieden als ob er etwas sehr schönes
gesehen hat."
„Was kann man denn hier schon Schönes
sehen?
"Nichts, keine Aussicht… nur ein Fenster voller
Eisblumen."

Unsere Wanderung

Erinnerst Du dich daran als wir das letzte Mal
diesen Weg gemeinsam gingen?
Wie lange ist dass nun schon wieder her?
Ein oder Zwei Jahre?
Was?
Du sagst es ist schon wieder Vier Jahre her?
Ich glaube dir.
Dein Gedächtnis ist in diesen Dingen einfach
unübertroffen.
Aber weißt du, dafür merke ich mir die Wege
einfach besser.
Ja, Ja ich weiß ich gebe immer mit meinem
Orientierungssinn an.
Aber dass ich mich noch nie verlaufen habe
musst sogar Du zugeben.
Du willst mich nicht an die Wanderung in Tirol
erinnern sagst du?
Ach komm, dieses eine Mal, als wir diesen
kleinen Umweg gehen mussten, darauf wirst du
doch jetzt nicht herumreiten!
Aber daran war nur die Karte schuld, die war
sicher fehlerhaft und das weist du genau!
Du lachst und schüttelst nur den Kopf.
Ich liebe dein Lachen und lache ebenfalls.
Komm – lass uns jetzt nicht diskutieren sondern
endlich aufbrechen.
Du brauchst immer einen kleine Ewigkeit bist
du fertig bist.

Was sagst Du?
Ich bin derjenige der Trödelt?
Also ich bitte dich, hier werden wir wohl nie
einer Meinung sein!
Du sagst also, dass es schon wieder Vier Jahre
her ist seit wir diese Wanderung unternahmen?
Wie doch die Zeit vergeht!
Ob sich wohl viel verändert hat?
Wir werden sehen, komm - lass uns jetzt gehen.

Da schau, dass Schloss an der linken Seite ist
jetzt noch mehr verfallen als bei unserem letzten
Besuch.
Wie meinst Du?
Es ist nur mit mehr Efeu bewachsen als beim
letzte Mal?
Ja, da hast du sicher Recht.
Sieh her, der Efeu verdeckt schon fast das ganze
Gebäude!
Nicht so schnell – warte - ich will noch ein Foto
machen.
Schau da vorne, dieses Gebäude ist beim letzten
Mal noch nicht gestanden rufts du mir zu.
Warte, wir müssen ja direkt daran vorbei!
Wieso wird mitten in der herrlichen Landschaft
ein so großes und hässliches Gebäude gebaut
fragst du?
Warte ich gehe noch etwas näher heran, dann
kann ich vielleicht die Aufschrift auf der Tafel
erkennen.

Auf der Tafel steht nur das der „Zutritt für
Fremde“ verboten ist lese ich dir vor.
Wieso an einem der schönsten Plätze am Rande
des Ortes frage ich dich?
Du zuckst nur mit den Schultern und wanderst
schon wieder weiter.

Komm, bleib kurz stehen und schau zurück.
Ist dieser Ausblick nicht herrlich.
Schau wie sich der Ort in die Landschaft
hineinschmiegt.
Ist es nicht ein perfekter Platz für einen kleinen
Ort.
Auch du bewunderst diese Aussicht und
versinkst kurz in Gedanken.
Woran denkst du jetzt?
Schweigend wandern wir nach ein paar Minuten
weiter.

Du bist ein kleines Stück voraus gegangenen
und bleibst am Ende des Waldweges plötzlich
wie erstarrt stehen.
Ich beeile mich dich einzuholen.
Auch ich bleibe stehen und bewege mich nicht.
Wir sind in einem Bilderbuch gefangen.
Der Anblick der Lichtung ist unwirklich.
Wir stehen am Waldesrand und halten den Atem
an.

Vor uns liegt jene Waldlichtung die wir vor
Augen hatten als uns unsere Eltern aus den
Märchenbüchern vorlasen.
Eine Blumenwiese liegt wie hingemalt vor uns.
Mit ihren tausenden Blüten leuchtet Sie wie ein
in der Sonne funkelnder Juwel der von dunklen
Tannen eingerahmt wird. Über den Wipfeln der
Tannen steigt die Sonne zu einem neuen Tag
empor.
Das kleine Rinnsal, das sich vom Waldesrand in
dutzenden Windungen gluckernd und sprudelnd
seinen Weg durch das Gras bahnt, vereinigt sich
auf der anderen Seite der Lichtung mit einem
dunklem Bach, der sofort wieder im dichtem
Wald verschwindet.
Das zwitschern der Vögel vermengt sich mit
dem Summen und Brummen der Insekten zu
einem Konzert des Lebens.
Die Zeit steht still.
Langsam taste ich nach deiner Hand.
Ich kann dich nicht spüren.
Ich drehe mich um und suche Dich.
Wo bist Du?
Warum hast du mich verlassen?
Ich vermisse dich doch so sehr.
Warum bist du schon gegangenen.
Ich bin so alleine.

Ich folge dir.
Ich liebe Dich.

Benützt

Das ewige Hin und Her war Sie schon gewohnt.
Aber an eines wird Sie sich nie gewöhnen, an die
kalten, feuchten klammen Finger ihrer Peiniger.
Tagaus Tagein wird Sie von diesen ekeligen
Fingern betatscht.
Jedes Mal wenn Sie von einer dieser schmierigen
Pfoten an ihrer Empfindlichsten Stelle berührt
wird, quietschte Sie empört auf.
Doch keiner der vorbeieilenden Passanten nahm
auch nur die geringste Notiz von Ihrer Pein.
Nur wenige Meter entfernt liefen Menschen an
Ihr vorüber und bemerken nicht das Drama
welches sich in Ihrer unmittelbaren Nähe
abspielte.
Männer, immer nur Männer kamen und gingen,
berührten Sie kurz, benutzten Sie und
verschwanden wieder.
Oft kam ein und derselbe Mann mehrmals am
Tag und fasste mit seinen feuchten klebrigen
Fingern zu, riss und zog grob an ihr nur um
Sekunden später wieder zu verschwinden.
Honorige Anwälte mit Designeranzügen und
manikürten Händen waren ebenso dabei wie
Bauarbeiter mit schwieligen Händen.
Doch manches Mal war einer darunter der Sie
mit richtig zärtlichen Fingern berührte.

Da wurde die Berührung zu einer sinnlichen
Liebkosung die Ihr gar nicht lange genug dauern
konnte.
Einen ihrer Besucher hatte Sie ganz besonders
in ihr Herz geschlossen.
Die ganze Woche verzehrte Sie sich nach ihm
und zählte die Stunden und Minuten bis er
wiederkommen würde.
Die Erinnerung an seine zärtlichen Hände
entschädigten Sie für die vielen groben Griffe
die Sie die ganzen Tage ertragen musste.
Manches Mal sah sie ihn schon von weitem
kommen und Ihre Vorfreude auf die Berührung
stieg ins unermessliche.
Wenn er dann auf Sie zukam, seine Hand zu
ihrer intimsten Stelle ausstreckte, verlangsamte
sich die Zeit und Sie konnte dann ein Zittern
nur schwer unterdrücken.
Sie nannte ihn den Pianisten, natürlich wusste
Sie nicht ob er wirklich ein Klavierspieler war,
aber in ihrer Phantasie war er ein berühmter
Konzertpianist.
Alleine wegen seiner zärtlichen Finger musste er
einfach ein Künstler sein.
Wenn sich dann seine schönen, schlanken
Finger endlich um ihre Rundungen schlossen
war Sie dem Himmel nah.
Stets zog er nur leicht und sanft an ihr, niemals
war er grob oder ungeduldig.

Sie dankte es Ihm und öffnete sich ihm
bereitwillig.
Jedes Mal wollte Sie ihm zumindest ein wenig
widerstehen, nicht ganz so bereitwillig
erscheinen, doch Sie war zu schwach und seinen
Händen ausgeliefert.
So leicht, so zart als wenn ein im Wind
schwebender Vorhang über einen Körper
streicht, so leicht fühlten sich seine Berührungen
an.
Sie war ihm verfallen und Sie wusste es.
Doch schon nach wenigen Sekunden war es
vorbei und er lies Sie nach der zärtlichen
Berührung weit offen zurück.
Doch kurz nur lies er Sie alleine, aber dann kam
er wieder um Sie mit einem kurzen Stoß noch
weiter zu öffnen nur um dann wieder für eine
weitere Woche zu verschwinden.
Doch die Tür zum Bahnhofsklo verzieh ihm
jedes Mal und wartete eine weitere Woche bis er
wiederkehrte um Sie zärtlich zu berühren.

Urlaubsfreuden

Liebe Freunde, ihr werdet es kaum glauben, wir
waren neulich in Ägypten und jetzt ratet einmal
wen wir dort in unserem Club getroffen haben?
Ja, ja lacht nur über unseren Cluburlaub!
Ihr seit der Meinung Cluburlaub ist nur etwas
für Weicheier und Warmduscher?
Ihr ahnungslosen Individualtouristen.
Wer von euch war schon einmal in einem Club
auf Urlaub?
Na also, ein paar von euch schauen ein bisschen
verlegen an die Decke.
Ich sehe es an euren erschreckten Minen an.
Ihr seid schon einmal dabei gewesen und habt
gehofft ihr könntet es verdrängen!
Gebt es ruhig zu es ist keine Schande, sagt ruhig
dass Ihr einmal dabei gewesen seid.
Wer jemals in einem Club 14 Tage Urlaub
gemacht hat, der weiß, dass eine Antarktis
Durchquerung dagegen wie ein Sonntags
Sparziergang mit Mutti und Vati ist.
Ihr seid Helden.
Ihr anderen, Ihr glaubt das nicht?
Liebe Freunde, eines sage ich euch, wer einmal
an einem Buffet in einem Club seinen Hunger
stillen wollte, der weiß, das jede Nahrungssuche
in einem Survivel Camp auf einer tropischen
Insel dagegen so einfach ist wie einen Burger bei
MacDonalds bestellen.

Ihr meint ich übertreibe!
Ihr unbedarften Würmer!
Nur wer über einen ausgeprägten
Überlebensinstinkt verfügt verhungert nicht an
einem Clubbuffet in den Urlaubstagen.
Ich sehe den einen oder anderen nicken.
Ihr wisst ich übertreibe nicht.
An einem Clubbuffet Nahrung zu bekommen
erfordert vom Nahrungssuchenden vielerlei
Talente.
Schnelligkeit, Organisationstalent,
Nahkampferfahrung und ein gesundes Maß an
Rücksichtslosigkeit und Brutalität.
Wer sich nicht mindestens eine halbe Stunde vor
Buffeteröffnung im Foyer anstellt hat schon
verloren bevor die Schlacht ums Buffet
überhaupt beginnt.
Er geht am besten hungrig ins Bett und probiert
es zum Frühstück nochmals, denn das Risiko
lohnt sich nicht mehr.
Außer er gibt sich mit den kärglichen Resten die
er später aus den Leergeräumten Schüsseln
kratzen kann zufrieden.
Daran erkennt man immer jene
bemitleidenswerten Kreaturen, die dass erste
Mal und am ersten Abend das Buffet besuchen.
Als Familie hat man einen immensen Vorteil
gegenüber Pärchen oder Einzelreisenden.
Weshalb fragt Ihr?
Ganz einfach!

Auf das, nur durch die Zähne gezischte, und
kaum hörbare Kommando des Vaters,
"Positionen beziehen"!
Schwärmen die Kinder sofort zur Eroberung
eines Tisches aus und legen diesen in Beschlag.
Der Tisch liegt am Besten nahe am Buffet aber
nicht in der Mitte des Saales.
Vor dort hat man den Besten Überblick.
Denn sollte das Personal wieder erwarten doch
noch etwas nachreichen, kann man blitzschnell
zuschlagen und sich die schönsten Brocken
sichern.
Gut geschulte Kinder sind sich Ihrer
Verantwortung und Aufgabe bei der
Nahrungseroberung voll bewusst und drängen
eventuelle Mitbewerber um den begehrten Tisch
geschickt ab.
Kinder können im Speisesaal laufen und sind
damit als Erste am Tisch.
Oder drücken, wenn sich ein Erwachsener den
angepeilten Tisch krallen will, wie auf
Kommando auf die Tränendüse.
Die Mutter Organisiert in derselben Zeit die
Gläser für die Getränke. Denn schon nach
einigen Minuten sind diese meist aus und der
durstige, glaslose Urlauber kann seinen gut
organisierten Mitreisenden nur noch mit
heraushängender Zunge beim genussvollen
Drinken zusehen.

Natürlich gehört es sich für den Glasbesitzer
dem Glaslosen Nachbarn zuzuprosten.
Man will seine Überlegenheit schließlich auch
genießen.
Der Vater hat sich mit einer subtilen
Ellbogentechnik einen der ersten Plätze in der
Schlange am Buffet erobert und balanciert einige
Teller auf seinen Händen.
Die Kellnerausbildung ist für die anderen
Urlauber sofort erkennbar und lässt deren
Motivation spürbar in den Keller sinken.
In der Zwischenzeit greifen die Mutter und
eines der Kinder von der anderen Seite das
Buffet an und kümmern sich einen feuchten
Dreck um Anstand und Rücksicht.
Andere Urlauberinnen nehmen sich ein Beispiel
und scheren aus um sich der Vorreiterin
anzuschließen.
Ein junger und unerfahrener Kellner versucht
sich verzweifelt der heranstürmenden Meute in
den Weg zu stellen und lernt dabei hart und auf
sehr schmerzhafte Weise seine Lektion über
hungrige Urlauberinnen.
In dem Moment in dem er sich den
Urlauberinnen in den Weg stellt, bohrt sich ein
Nadelspitzer Absatz durch sein leichtes
Leinenschuhwerk.
Der junge Angestellte wird blass um die Nase
und versucht die Tränen die Ihm der

grauenhafte Schmerz in die Augen treibt
zurückzuhalten.
Die Absatzbesitzerin schaut dem jungen Mann
in seine wässrigen Augen und verzieht den
Mund zu einem triumphierenden Grinsen.
Endlich hebt sie ihren Fuß und stürmt ihren
davoneilenden Kolleginnen hinterher.
Vom Absatz befreit, zieht sich der junge Kellner
humpelnd und mit Tränennassem Gesicht zu
seinen Arbeitskollegen zurück.
Ein alter, erfahrener im Dienst ergrauter Ober
nimmt ihn tröstend in die Arme.
Während sich dieses kleine Drama abspielte hat
der Vater die Teller mit allem möglichen Speisen
angehäuft.
Eine der wichtigsten Lektionen in der Schlacht
ums Buffet hat er schon vor Jahren
verinnerlicht.
Nicht was auf dem Teller liegt ist wichtig,
sonder einzig und alleine die Menge zählt.
Man kann das gierige Glitzern in seinen Augen
sehen, wenn er die letzte Hühnerkeule einer
blondierten Mittfünfzigerin wegschnappt und
diese Keule mit viel Geschick auf den Nudeln
mit der undefinierbaren Sauce platziert.
Die Blondine schnaubt einmal kurz und ist sich
ihrer Niederlage bewusst.
Blanker Hass sprüht aus ihren Augen.

Der Vater weiß, diese Person ist eine gefährliche
und erfahrene Einzelkämpferin, die noch nicht
viele Niederlagen am Buffet erleiden musste.
Er weiß vor dieser Frau muss er sich in Zukunft
in Acht nehmen.
Die Familie denkt strategisch und im Voraus. In
der Zeit, in der die anderen Urlauber noch mit
dem Hauptgang beschäftig sind, räumt die
Tochter das noch unberührte Kuchenbuffet ab.
Die Kellner schauen zwar streng, aber wer kann
den so einem lieben Mädchen schon böse sein.
Und eins, zwei drei sind die schönsten Stücke
abgeräumt.

Endlich sitzen alle Familienmitglieder um den
Tisch und betrachten Ihre Beute.
Vielerlei verschieden Speisen wurden erobert,
die ganze Familie sieht sich an und ist sich Ihres
Triumphes voll bewusst.
Ja, Sie gehören zu den Besten.
Zum Essen sind alle eigentlich zu erschöpft,
aber ein paar Bissen von den vollen Tellern
werden dann doch gegessen.
Man hat ja schließlich Anstand und Erziehung.

So liebe Freunde, jetzt wisst Ihr zwar dass die
Nahrungsaufnahme im Club kein
Honigschlecken ist, aber wen wir getroffen
haben ahnt ihr noch immer nicht!
Nichts?

Nicht die geringste Ahnung?
Ich sehe schon, dass wird nichts und ich muss es
euch doch verraten!
Wir haben Schurl und seine Frau Hansi
getroffen!
Na dämmert es bei Euch?
Was? Ihr meint ihr kennt Schurl und Hansi
nicht!
Doch, doch Ihr kennt die Beiden und das sogar
sehr gut.
Natürlich heißt Schurls Frau nicht wirklich
Hansi sondern Johanna aber alle rufen Sie nur
Hansi.
Schurl und Hansi aus Perchtolsdorf kennt doch
jeder Cluburlauber auf dieser Welt.
Schurl, laut, mittelgroß, riesiger Bierbauch, die
Halbglatze von einer Baseballkappe mit der
Aufschrift „Geiler Hengst" bedeckt.
Und dann seine Frau Hansi, klein, rothaarig und
so fett das die Clubleitung beim Urlaubsantritt
der Beiden immer sicherheitshalber Greenpeace
verständigt, damit diese nicht unnötig zur
Walrettung ausrücken sobald Hansi sich in die
Fluten wirft.
Schurl und Hansi sind nicht zu überhören und
zu übersehen.
Wenn du Glück hast liegst Du am anderen Ende
des Strandes und hörst nur ab und zu etwas von
Schurl und Hansi.

Aber dieses Glück hatten wir nicht, denn schon
am Tag unserer Ankunft hatten Schurl und seine
Familie die Liegen neben uns mit Beschlag
belegt.
Ach ja, ich habe euch noch gar nicht gesagt, dass
Schurl und Hansi sich Fortgepflanzt haben.
Das Ergebnis dieser Bemühungen heißen Kevin
und Nicole – natürlich wie sonst.
Den Akt der Fortpflanzung wollten wir uns
lieber nicht vorstellen, aber nun ist es zu spät.
Jetzt habt Ihr das Bild zweier dicker,
schwitzender von Pickeln übersäten Körper für
immer im Kopf.
Und die Vorstellung, wie sich unter heftigen
Schnaufen und Prusten in einer Perchtolsdorfer
Mietskaserne –dritter Stock – redlich mit Sex
abmühen, wird euch in Zukunft in eure Träume
verfolgen.
Ihr könnt nur froh sein, dass ich euch nicht
Beschreibe wie es in diesem Zimmer roch.
So jetzt habt ihr eine Vorstellung darüber wie
Kevin und Nicole, die Ergebnisse von
zweimaligem Sex, ungefähr aussehen.
Wie Ihre Eltern nur eben jünger.
Also unser erster Urlaubstag und die Mitglieder
dieser prachtvollen Familie liegen neben uns
und reden.
Ein herrliches, breites wunderschönes
Wienerisch.

Ich liebe diese heimischen Klänge an südlichen
Stränden.
Ja, ja ich höre euch schon, jetzt jammert er, wäre
er doch auf Individualreise durch die
Antarktis….
Ach, haltet doch die Klappe.
Also, Schurl und Hansi und Kevin und Nicole
liegen neben uns und reden über darüber wie
schlecht nicht das Essen im Club sei.
Das es viel zu viele Stufen im Club gäbe und
dass die Kellner langsam sind, die Zimmer zu
klein usw. usf.
Ja und dann macht meine Frau einen
riesengroßen Fehler.
Sie spricht mich an.
Auf Deutsch.
Laut, klar und verständlich.
Auf den Liegen neben uns verstummen mit
einem Schlag die Gespräche.
Ich schließe die Augen, stelle mich tot und hoffe
auf ein Wunder.
Wir sind zwar in der Wüste Sinai und damit
sozusagen auf jenem Boden auf dem die
Wunder nur so gedeihen, aber Gott hat es mit
den Wundern schon lange aufgegeben und
damit nimmt das Schicksal seinen Lauf.
„Österreicher, Landsleute, so ein Zufall" schreit
Schurl und dreht sich zu uns um.

„Na super, was für ein Zufall, fünfzig Prozent
der Cluburlauber sind mit Hofer angereist und
Österreicher." Denke ich.
Für mich gibt es nur zwei Möglichkeiten: To
stellen, oder gleich sterben um meinem
Schicksal zu entgehen.
Ich probiere es erst einmal mit Tot stellen.
Wie erwartet nutzt es nichts und ich höre
ungefähr zehn Zentimeter von meinem Ohr
entfernt Schurls Stimme schreien.
„Servas, i bin da Schurl und Du?"
Ich denke jetzt wäre es Zeit zu sterben aber es
gelingt mir einfach nicht.
„Hallo ich bin da Heinz" flüstere ich fast
unhörbar.
„Wie hast Oida, red lauda oder hast gestern so
gsoffen dast ka Stimm mehr hast?" Schreit mir
Schurl ins Ohr und lacht schallend über seinen
Witz.
Schurl lacht gerne laut und lange über seine
Witze.
Ich öffne die Augen und schau meine liebe Frau
mit einem Blick an der Sie auf der Stelle in eine
Salzsäure verwandelt hätte.
Aber wie gesagt, die Wüste Sinai ist auch nicht
mehr das was sie einmal war.
Ich schau zu Schurl und sehe wie er mir seine
Hand hinhält um mich zu begrüßen.
Jetzt wird es im wahrsten Sinne des Wortes
haarig.

56

Ich bin ein höflicher Mensch, leider.
Wenn ich Einschlage bin ich geliefert und habe
einen Freund fürs Leben gewonnen, das ist mir
vollauf bewusst.
Verweigere ich den Handschlag ist Schurl
beleidigt, aber ich habe meine Ruhe.
Wieder besseren Wissens siegt meine gute
Erziehung und ich schüttle die feuchte Pfote
meines Neuen Besten Freundes.
Meine Frau sieht mich an als hätte ich den
Verstand verloren.
Ihre Augen ermorden mich mit einer
Gründlichkeit die mir Heute noch kalte Schauer
über den Rücken jagen.
Die falsche Natter, hätte Sie den Mund gehalten
wäre ich nicht in dieser Situation.
Aber mir kommst du nicht aus meine Liebe,
denke ich, mitgegangen, mitgefangen.
So stelle ich meine Frau dem Schurl vor.
Mein liebes Eheweib blickt mich an und ich
weiß, ich bin so gut wie tot.
Schurl ist begeistert.
„Hansi, Hansi", ruft er seiner Frau mit einer
Lautstärke zu, die dem Nebelhorn eines
Supertankers zur Ehre gereicht hätte.
„Schau her Hansi, hinter uns liegen zwei
Landsleut."
Die Lautstärke ist ja verständlich, immerhin liegt
Hansi ungefähr eineinhalb Meter von uns
entfernt auf ihrer Liege.

Hansi dreht sich um und meine Frau und ich
beobachten fasziniert wie sich diese Massen in
Bewegung setzten.
Es ist schier unglaublich dass sich dieser, von
bunten Tüchern leider nur allzu mangelhaft
bedeckte Fleischberg, überhaupt aufrichten
kann.
Ein Schwabbeln und Schwanken, ein Wallen
und Wogen von schwer geröteten
Fleischmassen und dann, der Schwerkraft und
Newton zum Trotz, sitzt Hansi vor uns.
Wie sie es geschafft hat sich nicht nur
aufzusetzen sondern sich auch noch dabei
umzudrehen wird mir für immer ein Rätsel
bleiben.
Die Beine links und rechts von der Liege
abgespreizt gibt Sie meiner Frau und mir
Einblicke die ich Euch zu Beschreiben nicht
antun kann.
Ich hoffe nur, Sie hat unter den Tüchern einen
Badeanzug oder ähnliches an, denn wenn nicht
und Hansi steht auf, oder spreizt die Beine noch
etwas mehr erblinde ich mit Sicherheit auf der
Stelle.
„Hallo ihr beiden ich bin die Hansi" begrüßt uns
das Lebende Rätsel der Schwerkraft und wedelt
dabei mit Ihrer Hand.
Mehr wie ein Hingehauchtes „Hallo" bringen
meine Frau und ich nicht heraus.

Viel zu fasziniert sind wir vom Anblick der sich
uns darbietet.
Hochtoupiertes, grellrotes Haar kombiniert
fantastisch mit einem orangenfarbenen
Nagellack an Händen und Füßen.
Ein derartiges Farbenspiel würde auch die
Fische am Riff vor Neid erblassen lassen, sollte
sich Hansi jemals in die Fluten stürzen.
„Von wo sat`s denn?“ fragt uns Schurl nicht
zum ersten Mal wird mir bewusst.
Meine Frau und ich reißen uns von dem
unglaublichen Anblick seiner Frau los und
schauen zu Schurl rüber.
„Aus Linz.“ Antwortet meine Frau automatisch.
„In Linz beginnt`s! Ha, Ha, Ha!” lacht der
Schurl und klopft sich auf seine Schenkel das die
Schweißtropfen wie ein kleiner Sprühregen über
mich kommen.
Lieber Gott, lass mich sterben!
Doch Gott hat heute frei und Schurl massenhaft
Zeit.

Der Auftrag

Ein eisiger Wind streicht um die Ecken der Wohnhäuser die mit Ihren mächtigen Backsteinmauern der Winterkälte zu trotzen versuchten. Dick vermummt huscht der Fußgänger die Strasse entlang. Bei seinem Versuch dem Wind etwas zu entfliehen drückt der Mann sich eng an die Häuserwände.
Die Linderung ist nur gering, denn heute ist die bisher kälteste Nacht dieses Winters.
Schon tagsüber waren die Temperaturen weit unter den Gefrierpunkt gefallen und jetzt in der Sternklaren Vollmondnacht drang die Kälte in die kleinsten Spalten und Ritzen, kroch in die Kleidung, krallte sich fest und ließ nicht mehr vertreiben.
Lautlos fluchte der Mann und verwünschte sich, dass er gerade diese Nacht ausgesucht hatte.
Weiter eilte der Mann die finstere, kaum beleuchtete Straße entlang.
Nur ab und zu warf eine Straßenlaterne ihren trüben Schein auf den Asphalt
Hektisch blickte der Mann einmal hierhin und einmal dorthin, um sich zu vergewissern, dass er in der richtigen Strasse unterwegs war.
Ein zufälliger Beobachter würde die Unruhe des Mannes bemerken.

Dieser war unterdessen schon wieder einen Hauseingang weiter geeilt und nestelte nervös in seiner Manteltasche herum.
Endlich, nach etlichen vergeblichen Versuchen mit seinen dick behandschuhten Fingern, zog er ein Stück Papier hervor.
Umständlich faltete er den Zettel auseinander und versuchte in der Dunkelheit die Botschaft zu entziffern die das Papier für den Mann bereithielt.
Doch trotz der Vollmondnacht war das Licht in der engen und dunklen Strasse zuwenig um die kurzen Sätze lesen zu können.
Ungeduldig wandte sich der nächtliche Wanderer um und steuerte eine Straßenlaterne an, die in einigen dutzenden Metern Entfernung ihr trübes Licht über ein kleines Stück Strasse warf.
Als er die kurze Entfernung zwischen Haustor und Laterne mit schnellen langen Schritten überwand, schlug er seinen Mantelkragen noch etwas höher und zog den Kopf zwischen die Schultern.
Doch der Wind kannte keine Gnade und blies seinen eisigen Hauch in das Gesicht des Mannes.
Als er die Laterne erreichte öffnete er die Hand in der er den Zettel mit der Nachricht hielt und versuchte abermals die Botschaft zu entziffern.

Nachdem er für einige Augenblicke reglos unter
der Laterne in gestanden hatte, schüttelte sich
der Mann als müsse er seine Schultern von
etwas Unangenehmen befreien.
Sekunden später drehte er sich um und steuerte
einen Hauseingang an, der sich ein kleines Stück
weiter unten an der Strasse befand, nur wenige
Meter von jenem Eingang entfernt an dem er
noch vor einer Minute gestanden hatte.
Kurz darauf hatte er den kleinen Windfang
erreicht der die Eingangstüre notdürftig vor der
Witterung schützte. Er drückte sich eng an die
Tür und
Nestelte mit einer Hand suchend in einer der
unergründlichen Taschen seines bodenlangen
Mantels herum. Endlich hatte die Hand
gefunden was sie gesucht hatte und diese zog
den Gegenstand mit einer Geschmeidigkeit
hervor die auf jahrelange Übung schließen lies.
Metallisch blitzte das Utensil im hellen
Mondlicht auf und schon
Sekunden später betrat der nächtliche Besucher
den dunklen Hausflur.
Fast lautlos, nur mit einem sanften hellen Klack,
fiel die Haustüre hinter dem Besucher in das
Schloss.
Die linke Hand des Mannes tastete sich an der
Wand entlang und schon flammte eine Lampe
auf. Geblendet schloss er die Augen. Mit einer

derart hellen Beleuchtung hatte er in diesem alten Stiegenaufgang nicht gerechnet.
Schon nach kurzer Zeit hatten sich seine Augen an die Helligkeit gewöhnt und er betrachtet zum dritten Mal den mittlerweile völlig zerknitterten Zettel in seiner Hand. Nachdem er die Notiz abermals gelesen hatte sah er sich um, denn Sein Blick suchte das Vorhaus nach Informationen ab.
Das geschulte Auge fiel auf eine moderne Briefkastenanlage die wahrscheinlich erst vor kurzer Zeit montiert worden war.
„Das wird mir meine Arbeit erleichtern", dachte der Mann und trat an das Dutzend Briefkästen heran. 12 Briefkästen drei für jede Etage, jeder Briefkasten mit Namen beschriftet. „Perfekt, dachte der Mann, nichts geht über einen aufmerksamen und gut organisierten Hausmeister der auf Zucht und Ordnung achtet".
Schnell fand er den gesuchten Namen.
Ein Lächeln huschte über das Gesicht des Mannes, er war seinem Erfolg nun schon sehr nah.
Jetzt nur keine Fehler mehr.
Mit einem leisen Klicken ging das Licht aus und der Besucher wurde von Dunkelheit umfangen.
Innerlich fluchend über die sehr kurz eingestellte Zeitschaltuhr der Lichtanlage des Stiegenaufgangs stand der Mann in der

Finsternis und wartet bis sich seine Augen
wieder an das Zwielicht angepasst hatten.
Obwohl nur ein paar Sekunden vergingen bis er
wieder etwas sehen konnte dehnte sich die Zeit
für den Mann endlos. Dann endlich hatten sich
seine Augen an das Licht angepasst, dass
spärlich aber doch, durch die Fenster des
Stiegenaufgangs fiel.
Ohne das Licht erneut aufzudrehen stieg der
Mann die Stufen zum ersten Stock empor.
An den Briefkästen werden nicht nur der Name
der Bewohner angeführt, sondern auch das
Stockwerk in dem sie wohnten. "Manchmal
muss man bei seinem Job auch Glück haben, "
dachte der Mann und stieg weiter zielstrebig die
Stufen bis zum nächsten Stockwerk empor.
Nur noch wenige Stufen und er hatte sein Ziel
erreicht.
Seine Hand umklammerte das Stiegengeländer
als er sich Stufe für Stufe dem Ziel näherte.
Niemand würde ihn von seinem Auftrag noch
abhalten können.
Seine Auftraggeber würden zufrieden sein.
Einmal in Gang gebracht war er eine gut geölte
Maschine.
Weder Wind noch eisige Kälte konnten ihn
heute von seiner Mission abhalten.
Er wusste, er war der Beste.
Endlich war er bei der Tür angelangt hinter der
seine Zielperson lebte.

Keiner war so schnell und präzise wie er, er
hatte noch niemals geirrt und noch jede Zeitung
zugestellt.

Die Folter

Nichts auf der Welt hätte in diesem Augenblick ihre Finger aus der Umklammerung lösen können, so krampfhaft hielt Sie den Türgriff fest.
Während Sie langsam und unendlich vorsichtig, Zentimeter um Zentimeter die Tür aufzog, hielt Sie den Atem an.
Stück für Stück öffnete sich die Tür und der Lichtspalt der durch die Öffnung fiel wurde langsam größer.
Allmählich konnte Sie einen kleinen Ausschnitt des Raumes sehen der hinter der schmalen Öffnung lag.
Es war nicht viel das Sie durch den kleinen Spalt ausmachen konnte, aber dass was Sie sah genügte um Ihr den kalten Schweiß auf die Stirn treten zulassen.
Ihr Körper versteifte sich und die Haare in Ihrem Nacken stellten sich auf.
Von der einsetzenden Panik unfähig gemacht, sich auch nur einen Millimeter zu bewegen stand Sie wie festgenagelt hinter der leicht geöffneten Tür.
Just in dem Augenblick als sich der Gedanke an Flucht in Ihrem Kopf bildete drangen die Geräusche an Ihr Ohr.

Diese Geräusche von denen Sie sich gewünscht
hatte, dass sie Sie nie wieder in Ihrem Leben
hören würde, fuhren ihr durch Mark und Bein.
Erinnerungen an vergangene Qualen schufen
schreckliche Bilder in Ihrem Kopf und trieben
ihr die Tränen in die Augen.
Ein kleiner Schluchzer entkam Ihrer Kehle als
sich die Geräusche verstärkten und das gequälte
Gurgeln eines bedauernswerten Opfers durch
den Türspalt klang.
Ein unkontrolliertes Zittern bemächtigte sich
Ihres Körpers und Sie war einer Ohmacht nahe.
Sie wollte die Türe zuwerfen, sich umdrehen
und fliehen, diesen Ort des Grauen hinter sich
lassen.
Doch Sie stand stocksteif in dem kleinen Raum,
nur durch das dünne Holz der Tür von dem Ort
entfernt, in dem ein anderes bedauernswertes
Opfer gerade unter unvorstellbaren Qualen litt.
Und sie wusste, wenn sie nicht endlich floh
würde Sie das nächste Opfer sein, denn Sie
würden Sie holen kommen.
Ohne Gnade würde sie Sie in den Raum hinter
der Türe zerren, Sie auf die Vorrichtung werfen
und dann über Sie herfallen.
An den Geräuschen konnte Sie erkennen dass
Sie mindestens zu zweit waren und Ihr Opfer
mit eiskalter Professionalität bearbeiteten.

Ein leises Lachen klang an Ihr Ohr und Sie
registrierte dass die Geräusche verstummt
waren.
Das Gemurmel eines Gespräches klang durch
den Türspalt und Ihr wurde klar dass die beiden
nun Ihre Arbeit beendet hatten und sich des
Ergebnisses erfreuten.
Plötzlich hörte Sie das zufallen einer Tür und
Ihr wurde bewusst das dass andere Opfer nach
draußen gebracht worden war.
Schritte erklangen und näherten sich schnell der
Türe hinter der Sie die ganze Zeit gestanden
hatte.
Als die Tür mit einem Ruck aufgestoßen wurde
entfuhr ihr ein kleiner Schrei
„Tut mir Leid wenn ich Sie erschreckt haben
sollte, aber Sie können jetzt zur Nachkontrolle
hereinkommen", sagte der Zahnarzt.

Die schwarzhaarige Schönheit

Als die Frau den Raum betrat, zog Sie sofort die
Blicke aller Kunden auf sich.
Dunkles schwarz gelocktes Haar. Die
Wespentaille umschmieg von einem ledernen
Bustier. Die perfekten Rundungen des
Apfelförmigen Hinterteiles in eine schwarze
Lederhose gezwängt, stöckelte sie auf schwarzen
Stillethos in Richtung der Schaufensterpuppen
an der linken Wand.
Die weiblichen Besucher erblassten vor Neid,
die männlichen Besucher erblassten infolge von
plötzlich auftretendem Sauerstoffmangel und
mangels Blutzufuhr in den oberen Extremitäten.
Als die schwarzhaarige Schönheit die
männlichen Schaufensterpuppen erreichte
begann Sie ohne zu zögern eine davon mit
geübten Handgriffen zu entkleiden.
Scharfes einsaugen von Luft, gepaart mit einigen
Hustenanfällen, begleitete auch akustisch diesen
an sich banalen Akt der Arbeit
Als sich die Dekorateurin bückte und damit das
perfekte, Lederumhüllte Hinterteil für Sekunden
der höchste Punkt des makellosen Körpers war,
erreichte der Blutdruck bei einigen Herren
besorgniserregende Höhen.
Taschentücher wurden gezückt um sich den
Schweiß von der Stirn zu tupfen. Krägen

wurden gelockert um die Sauerstoffzufuhr zu erhöhen.

Brillen wurden hervorgeholt um sich ein genaueres Bild von der Lage, beziehungsweise vom Stand der zu begutachtenden Reize zu machen.

Indessen war der beneidenswerte männliche Schaufensterkollege bis auf die Boxershorts entkleidet.

Nun kniete sich die Dekorateurin nieder und zog der Puppe mit einem Ruck die Shorts bis zu den Knöcheln herab.

Ein kollektives aufseufzten aus dutzenden Männerkehlen klang durch das Geschäft.

Der Kopf der schwarzhaarigen Schönheit schwang herum und bedachte ihr Publikum mit einem bezaubernden Lächeln. Blitzschnell huschte ihre kleine rote Zunge einmal um ihre blutrot geschminkten Lippen.

Ein lautes poltern verkündete den Fall eines schweren Körpers. Ein „Hilfe, schnell einen Arzt", hallte durch den Verkaufsraum.

Mit flinken Bewegungen raffte die Dekorateurin die Kleider der Schaufensterpuppe zusammen. Streckte beim aufstehen ihren makellosen Körper durch, blickte triumphieren lächelnd in die Runde und ging mit wiegenden Hüften zum wartenden Aufzug.

Dort betrat sie die Kabine, drehte sich um und tippte mit einem rot lackierten Fingernagel auf

eine Stockwerkstaste und entschwebte in
unerreichbare Höhen.
Die Augen noch immer auf die Aufzugtüre
gerichtet, hingen die männlichen Kunden ihren
Tagträumen noch Minutenlang nach.
Bis auf einen, dieser Träumte schon seit
Minuten den ewigen Traum.

Der Jäger

Der Jäger drehte sich um und warf einen letzten
Blick zurück auf das Dorf in dem er seit seiner
Geburt gelebt hatte.
Wehmut kam auf und wollte sich in seiner Brust
festsetzten.
Doch der Jäger lies dieses Gefühl der Schwäche
nicht zu und wandte seine Aufmerksamkeit den
Feuern des Dorfes zu.
Ausnahmslos rauchten die Kamine heftig und
stießen Ihren Rauch in Form von dunklen, ja
fast schwarzem Schwaden in den kalten und
klaren Winterhimmel.
Er dachte an all das Schöne und Gute das er an
einem dieser Feuer zurückgelassen hatte.
Seine Frau, die beiden Kinder und an die
Jagdgefährten die Ihn seit seinen Jugendtagen
begleitet hatten.
Ob sie Ihn wohl verfluchen würden wenn Sie
bemerkten, dass er schon vor den anderen
aufgebrochen war?
Einerseits hoffte er dass Sie ihn verstehen
würden, andererseits fürchtete er dass Sie seinen
vorgezogenen Aufbruch verurteilten und Ihn an
den Feuern am Abend verfluchen würden.
Doch dann sagte er sich, dass er es irgendwann
in ferner Zukunft ja doch von den Gefährten
die Ihm später auf seinem Weg nachfolgten,
erfahren würde.

Denn der Abschied aus seinem Dorf war für eine lange Zeit.

Der Jäger, Gotthelm wurde er gerufen, hob die Hand zu einem letztem stummen Gruß an all die Freunde die noch nichts von seinem Weggang ahnten und behaglich auf ihren Lagerstätten schliefen.

Er würde in die Ferne und über die Berge ziehen und dort im warmen Süden ein berühmter Jäger zu werden und dann wenn er Ruhm und Reichtum erlangt hatte mit wertvollen Waren heimkehren.

Und so stieg Gotthelm den Berg weiter empor. Stunden später, nach einem beschwerlichen Anstieg, der Gotthelm viel von seiner Kraft geraubt hatte, erfuhr seine Wanderung eine Unterbrechung.

Der Jäger verspürte einen Druck auf der Blase und wich ein Stück vom Weg ab um sich zu erleichtern.

Plötzlich rutschte er auf dem eisigen Untergrund aus, stürzte und rammte sich eine seiner Pfeilspitzen in den Rücken.

Sein Todeskampf war nur von kurzer Dauer.

Der lautlos fallende Schnee bedeckte seinen Körper.

Schon nach wenigen Minuten konnte man nur noch die Konturen des reglosen Körpers erkennen.

Als am nächsten Tag die Sonne aufging und die
stürmische Nacht in einen strahlenden
Wintertag verwandelte, war von dem Jäger
nichts mehr zu sehen. Der Winter hatte sein
Blütenweißes Leichentuch über ihn gebreitet.

5000 Jahre später fanden zwei deutsche
Touristen eine Mumie mit einem Pfeil im
Rücken in den Öztaler Alpen.
Es war Gotthelm der beim Austreten
ausgerutscht war und sich damit selbst in die
ewigen Jagdgründe befördert hatte.
So ging der Wunsch von Gotthelm, spät aber
doch noch in Erfüllung, er wurde berühmt und
das mehr als er jemals gedacht hatte.

Der Besucher (In der Lobby)

Eiskalter Wind fegte hinter dem Mann in die
Hotelhalle. In den zwei drei Sekunden in denen
die Schiebetüre offen gestanden hatte, spürten
die Rezeptzionistinnen den kalten Hauch des
Winters an ihren Gesichtern.
Der Mann der den Winter mit in die Hotelhalle
gebracht hatte war mittlerweile ein paar Schritte
nach vorne gegangen und kam an der Balustrade
die in einem Halbrund den Raum teilte zu
stehen.
Der Blick des Besuchers schweifte von rechts
nach links in die etwas tiefer gelegene restliche
Hotellobby. An der rechten Seite wurde der
Eingang in den großen Speisesaal von einer
zweiteiligen Schiebetüre von der Lobby
abgetrennt.
Gleich im Anschluss zu dieser während des
Tages verschlossenen Türe hatte die Hotelbar
Ihren Platz gefunden. Immer betreut von zwei
bis drei sehr aufmerksamen Kellnern, war dieser
Ort zum klassischen Treffpunkt des Hotels
geworden.
Der suchende Blick des Besuchers glitt über die
verschiedenen Personen die sich an diesem
Abend in der Bar und in der Lobby versammelt
hatten.
An einem Hocker direkt an der Bar saßen ein
Mann und seine weibliche Begleitung. Ohne

dass einer der beiden den Mund aufmachte wusste der Beobachter, dass diese beiden zur Gattung Proletus Wienerus gehörten. Unübersehbar trugen sie ihre Erkennungszeichen vor sich her. Er, der seinen gewaltigen haarigen Bierbauch, mit einem T-Shirt mit der lustigen Aufschrift „Bier formte diesen wunderschönen Körper" leider nur zu drei Viertel bedeckte. Gott sei Dank wurde das Auge abgelenkt durch die vier oder fünf dicken Goldketten mit denen sich unser Adonis den fetten Hals geschmückt hatte. Frei nach dem Motto „ Mann muss zeigen was man hat" blinkte dieser „dezente" Schmuck durch den Raum.

Die Holde Weiblichkeit die diesem Traum von einem Mannsbild gegenübersaß, dürfte einen schweren Konflikt mit Ihrer Friseurin ausgetragen haben. Sitftkurzes grellrotes Haar trohnte über einem mit einer Potpurie aller bekannten Farben des Regenbogens angemaltem Gesicht.

Bedauerlicher weise dürfte dieser unbekannten Haarkünstlerin die Farbe während ihres Schaffens ausgegangen sein, den der Haaransatz über der Lila Bluse war noch im ursprünglichen Braun belassen. beim flüchtigen Betrachter entstand der Eindruck er betrachte ein Chamäleon während der Verwandlung.

Nur mit Mühe konnte der Beobachter seine
Blicke von diesem illustren Paar loseisen.
Weiter schweifte sein Auge über die vielen
Besucher des Hotels. Sofort wurde sein ruhelos
umherirrendes Auge von einem Mann gefesselt
der mit dem unverkennbaren Gehabe eines
Schwulen durch die Bar zu den Tischen schritt.
Kaum war der weit über 1,90 große und mit
einem Nikipullover bekleidete Mann an einem
Tisch mit vier kleinen Kindern angelangt, beugte
er sich nieder und reckte seinen
außergewöhnlich langen Hals zu einem der
Kinder hinunter.
Die Frau an diesem Tisch, die Ihren vierten Balg
in einem Tragegestell an der Brust trug,
schmachtete den Eintreffenden mit einem
verklärten Blick an.
Der Beobachter glaubte sich zu verhören als
eines der Kinder den Mann mit „hallo Papa"
begrüßte.
Der „Große Schwule" so hatte er Ihn bei sich
schon genannt, wedelte mit einer Hand gnädig
ab und widmete sich weiter mit Gugu und Gaga
seinen wehrlosen Kindern.

An einem der Nebentische hatte es sich eine
Gruppe, anscheinend gerade neu
angekommener Gäste bequem gemacht. Der
Rädelsführer dieser neuen Gruppe, ein Mann
von ungefähr 50 Jahren hatte gerade eine

Flasche Sekt in Arbeit und versuchte sie mit
Eleganz zu öffnen.
Der Besucher hielt den Atem an und schloss in
sekundenschnelle eine Wette mit sich selber ab.
10 zu eins das die Sektflasche …, plopp weiter
kam er nicht, den der Korken hatte sich
selbstverständlich mit einem Knall gelöst und
war durch die ganze Halle in das Kindereck zu
dem dicken Plüschbüffel Kasimir geflogen.
Schäumend ging der Sekt über und floss über
den Tisch. Nur rudimentäre Teile des edlen
Getränkes erreichten ein oder zwei Gläser.
Die Begleiter des Möchtegern Kellners,
sprangen auf um sich von der Sektdusche in
Sicherheit zu bringen und stießen dabei noch ein
paar Cocktails- und Biergläser um.
Das kleine lokale Chaos nahm seinen Lauf. Eine
kleine blonde, immer wieselflinke Kellnerin
glaubte sich unbeobachtet und verdrehte hinter
Ihrer, den 60 Jahren nachempfundene
Katzenaugenbrille, die Augen.
Bewaffnete sich dann jedoch mit einem Tuch
und eilte zu dem Tisch um die Spuren des
dilleantischen Möchtegern Kollegen zu
beseitigen.
Der Besucher wollte sich dieses Schauspiel nicht
mehr ansehen und lies seine Blicke weiter
wandern in Richtung der Glastüre an der
gegenüber liegenden linken Seite des Raumes.

Das Schild Smoker-Lounge, an der ehemaligen
Bibliothek angebracht, wies ihm die neue
Bedeutung dieses Raumes.
Hier war das Hoteleigene Rauchergetto
untergebracht. Sehen konnte man zwar
niemanden, die dichten Rauchschwaden nahmen
dem Betrachter die Sicht durch die Glastüre.
In diesem Moment, ging die Tür der Lounge auf
und ein Raucher kam zurück in den großen
Raum der Lobby. Ein krächzender Husten
begleitete den Auftritt des schmächtigen kleinen
Mannes.
Ein „Stirb leise Alter" hallte von der anderen
Seite der Lobby heran. Der Besucher musste
sich nicht umsehen um zu wissen, dass der
Prolet seine Herkunft jetzt auch noch akustisch
unter Beweis gestellt hatte.
An der Glasfront, die im Sommer geöffnet
werden konnte, aber jetzt während der eisigen
Tage im Winter fest verschlossen war, bemerkte
der Besucher bequeme Fautieuls vor niedrigen
Glastischen auf denen diese Teelichter standen,
die einen warmen Glanz an kalten Tagen
verbreiten sollten.
An einem dieser Tische saß ein altes Ehepaar
und schwieg sich hingebungsvoll an. Es war
eines diese Schweigen das zur Kunstform
erhoben werden sollte.
Wenn man die beiden Alten etwas länger
beobachtet, konnte man bemerken, dass Sie sich

nur mit Blicken zu verständigen wussten. Der
Beobachter war sich sicher, dass beide in jeder
Sekunde wusste was sein Gegenüber über die
eine oder andere Person im Raume gerade
dachte.

Am Tisch neben den beiden Alten saß in einer
Couch eine auftoupierte, stark erblondete und
mit zuviel Solariumenergie zum Lederapfel
geschrumpelte Lady, deren Alter irgendwo
zwischen Anfang 40 aber leicht auch bei Ende
50 liegen konnte. Sie hing mit hingebungsvollem
Blick am knackigen Hintern des Jungen
Kellners.

Dieser Kellner könnte vom Aussehen her der
jüngere Bruder von Leonardo di Caprio sein,
dementsprechende Aufmerksamkeit wurde Ihm
von den weiblichen Gästen aller Alterstufen
zuteil.

Der Kellner, nennen wir Ihn einfachheits-
halber deCaprio, dürfte den Blick bemerkt
haben, denn er bückte sich übertrieben tief zu
einem Nachbarstisch hinunter und räumte die
leeren Gläser auf ein Tablett.

Die auftoupierte, Solariumlady verging
daraufhin in ihren eigenen Säften.

Sehr zum Leidwesen ihres Begleiters. Der, Ihr
gegenüber sitzend, das ganze nicht gerade
unauffällige Gebalzte und Hecheln seiner
Partnerin durch die dicke, schon seit Anfang der
70er Jahre unmoderne Hornbrille verfolgte.

Der Mann an der Balustrade konnte erkennen
wie sich das Toupet des Mannes mit
rhythmischen Bewegungen nach vorne und
hinten bewegte wenn er abwechselnd die Stirne
runzelte und den Mund öffnete um doch
vielleicht etwas zu seiner Begleitung zu sagen.
Der Besucher an der Balustrade wandte seinen
Blick von diesem kleinen Drama ab und wurde
sofort von einem Vorfall gefesselt, der sich
direkt zu seinen Füßen abspielte.
Der Schnösel hatte die Bühne betreten.
Jeder erkennt den Schnösel sofort.
Designerbrille, gefärbtes und gegelltes Haar,
Seidenschal um den Hals.
Mit einem überlegenen – Wer bist Du denn
schon gegen Mich Blick- war er soeben aus dem
Lift gekommen. Betont cool schwang er beim
einherschreiten, gehen wie ein normaler Mensch
kam für den Schnösel natürlich nicht in Frage,
irgendeinen Autoschlüssel um den Zeigefinger,
hier machte der Schnösel einen Fehler denn er
schwang den Schlüssel zu schnell, dadurch
konnte der interessierte Zuseher die Automarke
nicht erkennen. Der lässige Gang auf seinen
Nike Turnschuhen kam kurz ins Stocken als ihm
zwei kleine Mädchen vor die Füße liefen und
sich an seinen weißen Seemanshosen festhielten.
Was der Beobachter, jedoch nicht der Schnösel
bemerkte- war - dass die Mädchen gerade
Marmeladebrote gegessen hatten. Die Spuren

fanden sich an den Hosenbeinen des Schnösels
wieder.
Cool und lässig trat er an einen kleinen Tisch an
dem eine verblühte 50 jährige mit Ihrer
aufgebrezelten Mutter saß.
Ein kurzer Kuss an die Stirn der verwelkenden
Blume und unser Schnösel setzte sich in einen
der beiden freien Sessel.
Der Beobachter wandte sich ab und ließ die
verblühende Lady mit ihrem letzten und
wahrscheinlich sehr teuren Frühling allein.
Der Mann an der Balustrade wurde von lautem
Kinderlachen und Gesang von vielen Stimmen
abgelenkt.
Ein Mensch in einem Büffelkostüm kam mit
einer Unzahl Kinder zur Türe an der linken Seite
herein.
Unter lautem Lachen eroberten die Kinder die
Hotelhalle und verwandelten diese in einen
riesigen Spielplatz.
Der Mann an der Balustrade hatte genug
gesehen.
Genauso lautlos wie er gekommen war
verschwand der Besucher in der Nacht.
Der eisige Hauch einer Winternacht an den
Wangen der Rezeptionistinnen war das letzte
das vom nächtlichen Besucher kündete.

Wissen

Manchmal genügt es zu Wissen, dass man
könnte wenn man wollte und dann braucht man
es gar nicht mehr zu tun.
Doch manches Mal, vielleicht nur ein oder
zweimal im Leben, genügt einem dieses Wissen
nicht.
Dann muss man einfach tun was einem sein
Herz befiehlt.
Jene Räume in seinem Inneren zu betreten,
deren Türen man aus Angst vor dem Inhalt
immer fest verschlossen hielt.
Diese Türen weit zu öffnen und sich diesen
neuen Herausforderungen und Erfahrungen zu
stellen.
Ohne Angst vor Konsequenzen und ohne
Rücksicht darauf was kommt.
Sich einfach in jenem Vertrauen fallen zu lassen,
dass einen der Andere auffängt.
Zu Lieben und dabei zu Wissen, dass Liebe auch
Leiden bedeutet.
Auf Wolken zu schweben und in Abgründe zu
stürzen.
Sich den Anderen auszuliefern und dabei
geborgen zu sein.
Wenn dies zwei Menschen zur gleichen Zeit
passiert, haben Sie jene Essenz gefunden, die
das Leben erst Lebenswert macht.

Nasser Asphalt

Wenn du an einem Sommerabend die Haustüre
öffnest und das Leben rollt in all seiner Pracht
bei der Tür herein, dann spürst du die Kraft der
Erde.
Gibt es etwas Schöneres als dass ein Abend mit
dem Geruch an deine Kindheitstage endet?
Kannst Du dich noch an den unwiderstehlichen
Duft von nassem Asphalt erinnern?

Weißt Du wie es war, wenn ein langer
Sommertag zu Ende ging und wir mit unseren
Freunden den ganzen Tag unterwegs waren um
Abenteuer zu erleben?
Es gab keine Uhr und nur die Sonne sagte uns
wann es an der Zeit war nach Hause zu laufen.
Die Zeit, Minuten und Stunden, Sie haben uns
nicht gekümmert.

Und wenn so ein Sommertag zu Ende ging und
über den Hügeln sich ein kleines Gewitter
zusammen braute, dann konnte aus einem guten
Tag sogar noch ein perfekter Tag werden.
Den ganzen Tag über konnten wir es schon
spüren.
Es lag etwas in der Luft und wir wussten, am
Abend würde wir die volle Kraft der Elemente
spüren können.

Und dann kam der warme lautlose Wind der seit
Anbeginn der Zeit jedem Unwetter vorauseilt
und wir ließen uns von diesem Wind treiben,
stellten sich ihm entgegen, die Arme weit von
uns gestreckt und lachten in die ständig
wechselnden Gesichter der schnell
dahinfliegenden Wolken.

Der von der Sonne aufgeheizte Asphalt war bis
zum Abend ganz weich geworden und klebte in
kleinen schwarzen Batzen an unseren
Turnschuhen.
Erfolglos versuchten wir diese Batzen an der
Gehsteigkante loszuwerden.
Ja, und dann fielen die ersten schweren
Regentropfen auf den warmen Asphalt.

Und die Tropfen aus den Wolken vermischten
sich mit der gespeicherten Hitze auf dem Boden
und gebaren einen unvergleichlichen Geruch.
Der Geruch nach heißem, warmen Asphalt der
durch Regen gekühlt wird.
Dies mein Freund, ist der Geruch nach
Sommertagen, der Geruch nach Jugend und
Freiheit

Und heute, wenn sich so ein Sommerregen
ankündigt, gehe ich auf die Strasse und warte auf
die Ersten schweren Regentropfen.

Und wenn die ersten Tropfen aus dem Himmel
fallen, drehe ich mein Gesicht in den Wind,
breite die Arme aus und schließe die Augen.
Und wenn mir dann der Duft aus vergangenen
Zeiten in die Nase steigt,
dann mein Freund, erinnere ich mich an jene
längst vergangenen Tage als wir noch unser
ganzes Leben und all unsere Träume vor uns
hatten.

Vorstadt

Zwei schnelle Schritte und Paul hatte den
Windfang der Vorstadtkneipe durchquert.
Damit befand er sich auch schon mitten in der
Gaststube
Ein einziger großer Raum, der von einer langen
Theke an der gegenüberliegenden Wand
dominiert wurde, das war die Kneipe in Ihrer
gesamten Pracht.
Rauch aus ungezählten Zigaretten hatte die
ursprünglich weißen Wände nikotingelb gefärbt.
Die schwache, schummrige Beleuchtung tauchte
den Raum in ein diffuses Licht, dass mehr
verbarg als zeigte.
Eine Wolke, gebildet aus abgestanden
Tabakrauch, dem Schweiß von ungewaschenen
Männerkörpern die nach der Arbeit ohne den
Umweg unter eine Dusche in die Kneipe
gekommen waren, durchsetzt mit dem Parfum
von billigen Huren und garniert mit dem
beißenden Geruch von Pissoirkugeln , nahm
Paul beim betreten der Kneipe den Atem.
Die Gespräche der wenigen Gäste wurden mit
Pauls erscheinen leiser, verstummten jedoch
nicht völlig.
Paul überbrückte den verbleibenden Abstand bis
zur Bar mit zwei kurzen Schritten und schwang
sich auf einen freien Barhocker.

Die Novemberkälte und eine Brise frische Luft,
die mit Paul in die Kneipe hereingeweht wurde,
erreichten den Barkeeper.
Dieser, polierte mit langsamen, gelangweilten
Bewegungen ein Glas und reagierte auf Pauls
erscheinen und die Zufuhr von Sauerstoff mit
hochgezogenen Augenbrauen.
Nachdem er Paul eingehend betrachtet hatte,
hob er nochmals seine dichten grauen
Augenbrauen unter der Glatze zu einer
stummen Frage hoch.
Anscheinend die Lieblingsbewegung des
Keepers, dachte Paul und kam der
unausgesprochenen Einladung nach.
„Ein Bier und eine Frage"
„ Bier ist kein Problem."
„Und meine Frage?"
„Kommt auf die Frage an." Sagte der Barmann
und drehte sich zum Zapfhahn um.
Während der Kellner das Bier zapfte, sah sich
Paul die anderen Gäste etwas näher an.
An seiner linken Seite, in Richtung Toilettentür,
saß ein Pärchen an der Bar und steckte die
Köpfe zusammen.
Die Frau war mit einem kurzen braunen Rock
und einem ärmelloses Top bekleidet.
Die Kleidung zeigte viel und verbarg
bedauerlicherweise noch viel weniger von ihren
ausgeprägten Hüftringen und den mit

Sommersprossen übersäten fleischigen Oberarmen.
Die Frau flüsterte dem Mann irgendetwas ins Ohr, dass diesen veranlasste immer wieder den Kopf zu schütteln.
Paul wandte sich ab und betrachtete den Nachbarn an seiner rechten Seite.
Wirres dünnes graues Haar, eine rote Nase über einem fast zahnlosen Mund und tränenden Augen waren die hervorstechenden Merkmale wie Paul automatisch registrierte.
Ein gewaltiger Bierbauch hatte schon zwei Knöpfe des fleckigen Hemdes abgesprengt und seine kurzen, dicken Hände mit den ungepflegten Fingernägeln umklammerten ein fast leeres Bierglas.

Nur einer der drei Tische im Hintergrund der Bar war besetzt. Zwei Männer und eine junge blonde Frau, teilten sich einen kleinen runden Tisch.
In Ihr Gespräch vertieft, hatte diese drei das Eintreten von Paul nur nebenbei bemerkt.
Einer der beiden Männer, derjenige der Paul den Rücken zuwandte, führte anscheinend das große Wort und die Frau lachte immer wieder lauthals auf.
Der zweite Mann am Tisch, fühlte anscheinend Pauls Blick und sah kurz auf.

Paul blickte in zwei dunkle Augen, die ihn intensiv musterten und dann wieder zurück in den tiefen Ausschnitt der Frau wanderten.
„Das Bier." Der Wirt stellte das Glas vor Paul auf den Tresen.
„ Ich suche Manni." Stellte Paul seine Frage
Der Wirt hob nur seine Augenbrauen und blickte Paul ausdruckslos an.
Langsam nervte Paul das heben der Augenbrauen und er fühlte wie die kalte Wut Ihn Ihm hoch kroch.
Nach einigen Sekunden des vergeblichen Wartens auf eine Antwort legte Paul einen Zwanzigeuroschein auf den Tresen und sagte:
„Also, gut, noch mal von vorn."
„Ich suche Manni, wo finde ich ihn?"
Mit einer schnellen Bewegung schnappte sich der Barkeeper den Schein und antwortet:
„Weiß ich nicht"
„Und weiter?"
„ Was weiter, nichts weiter."
„Hör mal zu du Schlaumeier, ich Zahl nicht zwanzig Euro für ein läppisches Weiß ich nicht, da erwarte ich mir schon etwas mehr"
Der Wirt seufzte, stellte das Glas Weg, beugte sich etwas vor und stemmt seine beiden Arme auf die Theke.
„Jetzt hör mal du zu, du Schlaumeier, wer dämliche Fragen stellt muss mit dämlichen Antworten rechnen."

90

„Und du hast auf deine Frage schon eine
Antwort erhalten, wenn Sie dir nicht passt ist
das dein Problem und nicht meins." „ Drink
jetzt dein Bier aus, und dann hau ab."
„Bezahlt hast Du ja schon."

Blitzschnell griff Paul über den Tresen und
packte den Nacken des Wirtes mit seiner linken
Hand. Mit einem kräftigen Ruck zog Paul den
Kopf des Wirtes an sich heran.
Der Wirt wurde von Pauls Attacke vollkommen
überrascht und musste sich auf die
Zehenspitzen stellen um nicht den Boden unter
den Füßen zu verlieren.
Im gleichen Augenblick als Paul den Wirt packte
zog er mit der rechten Hand eine Glock aus der
Manteltasche und hielt sie dem Wirt unter die
Nase.
„Spuck es schon aus Glatzkopf. Wo finde ich
Manni"
„Ich…Ich, weiß es nicht. Manni war schon seit
Monaten nicht mehr hier"
Kleine Schweißtröpfchen standen plötzlich auf
der Stirn des Kneipenwirts.
Mittlerweile waren die anderen Gäste auf die
Szene am Tresen aufmerksam geworden.
Der Wortführer am kleinen Tisch im
Hintergrund hatte seinen Redeschwall
unterbrochen und sich halb umgewandt.

Der andere Mann und die Blondine blickten mit weit aufgerissenen Augen hoch und wirkten wie erstarrt.

Der Säufer rechts von Paul grunzte nur und starrte weiter in sein mittlerweile leeres Bierglas.

Das Pärchen an seiner linken Seite sprang mit einem Aufschrei hoch, verhedderte sich in den Barhockern und stürzte zu Boden.

Der Mann schlug mit dem Hinterkopf auf dem schmutzigen Fliesenboden auf und verdrehte die Augen, bis man nur noch das Weiße sah.

Die Frau kam auf dem Mann zu liegen und fing lauthals zu kreischen an.

„Halt deine Klappe“ sagte Paul. Die Frau verstummte abrupt.

„Also, ich will jetzt sofort von euch wissen, wo ich Manni finde.“

„Wird´s bald, oder der Glatzkopf hat in ein paar Sekunden ein drittes Nasenloch.“

In diesem Augenblick spürte Paul im Nacken eine kühle Brise.

Sofort stieß Paul den Wirt von sich, dieser fiel rücklings in das Flaschenregal und dann zu Boden.

Halb hatte sich Paul schon umgewandt als ein Schuss fiel.

Die Kugel traf Paul seitlich in den Kopf und verteilte sein Gehirn über den Tresen und über den Wirt.

Paul sackte in sich zusammen und stürzte zu Boden. Eine Blutlache breitete sich über den Fliesen aus.

„Was wollte der Typ von dir?" Fragte der Schütze den Wirt.

„Er hat dich gesucht… Manni."

„Da hat er aber Glück gehabt, dass ich heute zufällig vorbeigeschaut habe."

Schmetterlinge

Langsam stieg ich die letzten Meter des Hügels
hinauf.
Der Anstieg war lang und mühsam gewesen,
doch nun hatte ich mein Ziel erreicht.
Ein grünes, sich sanft im Wind wiegendes Meer
aus Gras breitete sich vor meinen Augen bis an
den Horizont aus.
Die Sonne sandte ihre Strahlen über die Erde
und warf den Schatten meiner Silhouette weit in
das Tal hinab.
Das Flüstern des Windes im hohen Gras war
das einzige Geräusch, das die Stille störte.
Ein Raunen und Wispern, das demjenigen der
genau genug zuhörte all die Geschichten
erzählte, die der Wind von fernen Orten,
Menschen und Ländern herantrug.
Auch meine Geschichte würde der Wind
mitnehmen und in die Welt hinaustragen.
Ich setzte mich in das Gras, richtete meinen
Blick in die Ferne und begann dem Wind meine
Geschichte zu erzählen.

Es war an einem drückend heißen Morgen im
Juli gewesen als meine Geschichte begann.
Wie ein Raubtier hatte die Hitze ihre Krallen in
die Stadt geschlagen.
Wochenlang zappelte die Stadt schon hilflos in
der Sonnenglut.

94

Tag für Tag hatten die Straßenschluchten jeden
Sonnenstrahl aufgesogen und warfen nun die am
Tag in den Häusern gespeicherte Hitze während
der Nacht zurück in den Himmel.
Man hörte die Menschen sagen: „Die Häuser
schwitzten Feuer aus den Mauern."
Die wenigen Passanten die auf den Strassen
unterwegs waren, wurden zwischen dem weich
gekochten Asphalt und den Ziegelwänden der
glühenden Bauten wie in einem Backofen
geröstet.
Auch ich war in dieser frühen Stunde schon
unterwegs.
Eine ganze Nacht hatte ich mich schlaflos von
einer Seite auf die andere gewälzt. Ein billiges
Hotel ohne Klimaanlage hatte mir als
Unterschlupf für die Nacht gedient.
In irgendeiner dieser endlosen, von brütender
Schwüle angefüllten Nachtstunden, hatte ich ein
Fenster geöffnet um mir etwas Abkühlung zu
verschaffen.
Ein hoffnungsloses Unterfangen wie ich sofort
bemerkte.
Nach dem Öffnen des Fensters hatte ich den
Eindruck als ob die Temperatur noch mal ein
Stück weit an der Quecksilber Säule nach oben
kletterte würde.
Pure Einbildung –klar - aber dieses Gefühl war
eben da.

Diese Stunden die zwischen tiefer schwarzer
Nacht und der Morgendämmerung lagen
machten mir immer am meisten zu schaffen.
Doch heute Nacht hatte ich Glück gehabt.
Ein Nachtfalter hatte sich, angelockt durch die
brennende Nachtischlampe, in mein kleines
schäbiges Hotelzimmer verirrt.
Lange konnte ich den verirrten Nachtschwärmer
beobachten wie er ziellos umhertorkelnd immer
wieder an den kleinen schwarzen Schirm stieß
um jene Lichtquelle zu erreichen die in so
unwiderstehlich anzuziehen schien.
Kurz bevor ihn die Erschöpfung zur Aufgabe
zwang, prallte er an die heiße Lichtquelle und
seine Flügel verbrannten mit einem hässlichen
Zischen.
Aus dem gerade noch stolzen Flieger der Nacht
wurde ein ziellos, auf dem abgetretenen
Teppichboden herumkriechender Insekten-
Krüppel.
Die Ähnlichkeit des glücklosen Falters mit
Menschen die ich jeden Tag in den Strassen der
Stadt traf war erschreckend.
Hier, ein Falter der magisch angezogen wurde
vom blendenden Licht der Lampe. Dort unten
in den Straßenschluchten der glühenden Stadt,
wo jene Menschen unterwegs waren, die
angetrieben wurden von nichts als Ihrem
Streben nach Geld, Macht und Glück.

Oder sich aufrieben auf der Suche nach einer
unerfüllten Liebe, und am Ende nur
ausgebrannt, deprimiert und verzweifelt in der
Gosse landen.
So wie der flügellose Falter, der ziellos auf dem
Teppichboden umherirrend von mir mit einem
Schlag erlöst wurde, so konnte ich die in der
Gosse umherirrenden Menschen erlösen.
In jenem Augenblick, als die ersten Strahlen der
aufgehenden Sonne die Spitzen der Hochhäuser
berührten und die Dächer mit ihrem Schimmer
den neuen Tag ankündigten und ich den Falter
von seinem Leiden erlöste, wurde mir klar, dass
ich die Lichtquelle für diese Menschen sein
konnte.
Keine Lichtquelle zu der die Menschen kommen
mussten, sondern die Quelle der Erleuchtung
die zu den Menschen kam.

X.

Jetzt war es kurz vor 6:00 Uhr und ich war
schon ein ganzes Stück weit von meinem Hotel
das in der Innenstadt lag in Richtung Hafen
gewandert.
Die Glut die in mir brannte unterschied sich in
nichts von dem glühenden Feuerball der über
dem Dächerhorizont empor kletterte.
Dieser Tag würde mit seiner Hitze nahtlos an
die vergangenen Tage anschließen, schon jetzt

war die Temperatur über die 20 Grad Grenze
geklettert.
Keine 30 Meter vor mir trat das Mädchen aus
dem Eingang einer schäbigen Mietskaserne.
Ihr gelangweilter Blick streifte mich nur
beiläufig als sie sich Ihrem unbekannten Ziel
zuwandte und sich von mir entfernte wie ein
Schmetterling der über eine Blumenwiese in den
Sommermorgen flog.

X.

Der nächtliche Traum der Marlene seit einigen
Nächten immer wieder heimsuchte hatte sich als
ein lästiger Parasit in Ihrem Kopf eingenistet.
Dieser Alptraum hatte ihr auch heute wieder
eine schlimme Nacht beschert.
Es kam Marlene vor als ernährte sich der Traum
von ihren Ängsten.
Jede Nacht wuchs er um ein weiteres Stück und
nistete sich fester in Ihren Gedanken ein.
Heute floh Marlene schon zu dieser frühen
Stunde aus Ihrer Wohnung um ihren Ängsten
zu entkommen.
An diesem Tag wollte Marlene den Weg zur
Arbeit ausnahmsweise einmal zu Fuß gehen.
Normalerweise nahm Marlene den Bus der
städtischen Linie für die paar Kilometer zum
Hafen, doch an diesem Morgen konnte Sie die
Blicke der Hafenarbeiter nicht ertragen.

Als eine von drei Kellnerinnen in einer der
Imbissbuden am Hafen war sie weder prüde
noch zimperlich
Das konnte sie sich bei diesem Job ohnehin
nicht leisten,
Sie brauchte noch etwas frische Luft bevor Sie
den ganzen Tag in den See von verbranntem
Fett, Rauch und verschüttetem Bier eintauchte.
Ihre Gedanken schweiften erneut ab und
kehrten zu Ihrem nächtlichen Traum zurück.
Auch heute Nacht war Sie wieder
schweißgebadet und mit einem Aufschrei
erwacht.
Jede Nacht war der Traum realer geworden und
das Monster war immer näher gekommen.
Die vergangene Nacht hatte Sie das Monster
erstmals erreicht.
Auch jetzt während Sie Ihre Schritte auf der
Strasse mit den gleichförmigen
Kopfsteinpflaster entlang lenkte, ließen sie die
Erinnerungen trotz der frühmorgendlichen
Hitze frösteln.

*Im letzten, dem winzigsten Kellerabteil hatte sich
Marlene verkrochen, dort hatte sie gehofft sich vor Ihrem
Verfolger verstecken zu können.*
Hier war das Ende des tiefen Kellers.
*Es ging nicht mehr weiter, alle Wege waren Ihr nun
versperrt.*
Ihr Verfolger hatte sie in die Enge getrieben.

Behutsam, jedes Geräusch vermeidend hatte Marlene die Türe aus Holzlatten hinter sich zugezogen.
Zusammengekauert, geduckt in einer Ecke hockte Sie hinter alten Kartons und einer ausrangierten Waschmaschine versteckt, den Kopf zwischen die Knie gesteckt und die Augen fest geschlossen wartete Marlene voller Angst auf ihren Verfolger.
Schon als Kind war Marlene davon überzeugt gewesen - was ich nicht sehen kann, kann auch dich nicht sehen- .
Leise, kratzende Geräusche drangen an ihre Ohren.
Etwas Entsetzliches, Unbeschreibliches tastete sich den lichtlosen Kellergang entlang.
Die schlurfenden, schabenden Geräusche wurden lauter und der Jäger schob sich durch die Gänge näher und näher.
Die Klauen Ihres Verfolgers verursachten ein klickendes Geräusch auf dem Betonboden als er sich unaufhaltsam näherte.
Fast war es nicht möglich, aber Marlene machte sich noch kleiner, legte Ihre Hände schützend über ihren Kopf.
„Du sieht mich nicht, du siehst mich nicht, du siehst mich nicht….“ endlos wiederholte Marlene in Ihren Gedanken Ihre Beschwörungsformel aus den Kindertagen.
Die klickenden Geräusche waren nun ganz nah und Marlene wehte der Geruch von verfaulter Erde vermischt mit dem Duft von Rosenblüten entgegen.
Die klickenden, schabenden Geräusche verstummten.
„Nicht die Augen öffnen, dann sieht mich das Monster

nicht" waren Marlenes Gedanken und die Härchen auf
Ihren Armen stellten sich auf.
*Als etwas Eiskaltes Ihren linken Arm berührte schrie
Marlene gellend auf.*

Abrupt wurde Marlene aus Ihren Erinnerungen
an die vergangene Nacht gerissen als Sie spürte,
dass jemand ihren Arm umklammerte.
Sie wandte sich um und blickte in die grauen
Augen eines Mannes.
„Hallo Schmetterling" sagte ich und verzog
meine Lippen zu einem leichten Lächeln.
Als Ihr der Duft von fauliger Erde und
Rosenblüten in die Nase stieg wusste Marlene
dass Sie dieses Mal nicht wieder erwachen
würde.

X.

Lange rezitierte ich die Namen meiner
Schmetterlinge und der Wind nahm Sie auf,
trug Sie in die Welt hinaus um Sie all jenen
zuzuraunen die noch auf Ihre Bestimmung
warteten.
Ich würde zu Ihnen kommen, zuerst in Ihre
Träume und dann wenn ich Sie traf, würden wir
uns beim Duft von Erde und Rosenblüten für
ewig vereinen.

Unsterblich

Stell dir einmal vor, Gott schenkt Dir als
einzigem Menschen auf der Welt die
Unsterblichkeit!
Könnte dich Gott mehr strafen als mit diesem
Geschenk?
Stell Dir vor, Du siehst deine Kinder und Enkel,
all deine Nachkommen, all deine Freunde alt
werden und sterben.
Willst Du das Wirklich?

Egal ob es Jahrtausende oder Jahrmillionen
dauert, irgendwann wirst Du jeden Platz dieser
Erde einmal betreten haben.
Du wirst Kontinente, Berge und Meere kommen
und gehen sehen.
Irgendwann hast Du all die Wunder dieser Welt
gesehen.
Und du wirst all Diese Wunder vergehen sehen.
Und dann Mensch, bleibt dir immer noch eine
Ewigkeit Zeit.
Willst Du das Wirklich?

Aber was das schlimmste ist, irgendwann und
wahrscheinlich in gar nicht allzu ferner Zukunft,
wirst Du der letzte Mensch auf Erden sein.
Stell Dir vor, Du der Du Unsterblich bist, hältst
den letzten sterblichen Menschen bei seinem
Ende in den Armen.

Stell dir vor, Du blickst in die sterbenden Augen
des vorletzten Menschen und Du weißt, dass bis
in alle Ewigkeit, kein anderer Mensch mehr
deinen Blick erwidern wird.
Willst Du das wirklich?

Du spürst seinen verwehenden Atem und weißt,
dass dich nie wieder der Atem eines anderen
Menschen berühren wird!
Du hörst seine letzten Worte und du weißt, dass
dies die letzten Silben sind, die Du von einem
anderen Menschen und einer anderen Stimme
hören wirst.
Willst Du das wirklich?

Er wird dich vor seinem Ende noch einmal
berühren und er weiß, dass dich nach Ihm nie
wieder ein menschliches Wesen berühren wird.
Er wird dich ansehen und Du wirst eine Trauer
in seinem Blick bemerken, die dich mehr
berühren wird, als alles andere in deinem
unsterblichen Leben.
Denn diese Trauer gilt nicht seinem Tod,
sondern seine Trauer gilt Dir.
Denn dieser vorletzte Mensch weiß, dass Dir
das größte Geschenk des Lebens auf Ewig
verwehrt bleiben wird.

Sterben zu dürfen.

Ich widme dieses Buch meinen Eltern Martha
und Heinz, die mich in diese wunderbare Welt
führten,
meinen beiden Kindern Evelyn und Peter die
mich unheimlich stolz machen,
meinem Bruder Ralph, der mein erster Leser,
Kritiker und bester Freund in einer Person ist.

Und ganz besonders widme ich dieses Buch
meiner Frau Edith, die mit ihrer
unerschütterlichen Liebe zu mir, meinem
Leben täglich neue Kraft gibt.